군주론

완역에서 — 완독까지 | 001

군주론

니콜로 마키아벨리 지음 | **김종원** 옮김

Il Principe
Niccolò Machiavelli

위즈덤하우스

- **일러두기**

1. 본문의 주는 모두 옮긴이 주다.
2. 본문에서 비르투(*virtù*)는 역량, 능력, 자질, 힘, 재능, 용맹, 결단력, 활력, 도덕적으로 올바름, 기개 등으로 옮겼으며, 포르투나(*fortuna*)는 행운, 운, 운명 등으로 옮겼다. 필요할 경우 각각의 원문을 병기했다.

옮긴이 서문

●

니콜로 마키아벨리Niccolò Machiavelli가 《군주론》을 저술한 것은 1513~14년이다. 우리가 흔히 '르네상스'라고 부르는 시기의 일이다. 르네상스 시대에 이탈리아의 도시 국가들은 유럽에서 상업과 도시가 가장 발전한 곳이었다. 11세기에 시작된 십자군 운동 이래로, 이탈리아 반도는 지중해 무역의 중심지로 성장하여, 도시가 급속히 발달하고 경제적 번영을 누렸다. 이에 따라 부유한 시민 계층이 등장하고 유럽에서 가장 빨리 시민사회가 형성되었다. 이러한 환경에서 성장한 이탈리아의 예술가와 지식인들은 책을 매개로 하여 고전고대의 전통을 되살려내려 했고, 그것을 바탕으로 기독교적 중세 문화와는 다른 새로운 문화와 인생관을 추구했다. 한편 이탈리아 도시 국가의 권력자들은 자신들의 미적 감각뿐 아니라 권력을 과시하기 위해서 예술가와 학자들을 후원했다.

르네상스 시대의 사상가들은 도시의 실무적인 인간에게 적합한 실천적인 지식을 추구했다. 중세의 학자들이 수도원이나 대학에 머무르면서 그저 사회를 관조하는 추상적인 학문을 추구한 것과는 사뭇 다르다. 이 새로운 지식인들이 보기에, 인간은 원죄에서 벗어날 수 없는 존재가 아니라 신의 형상을 따라 창조되었으며 자유 의지를 지닌 고귀한 존재였다. 자유 의지를 지닌 인간은 스스로 창조하고 아름다움을 향유할 수 있는 존재다. 인간이 자유 의지를 지니고 있다는 것을 인정하면, 인간은 신이 만들어놓은 세상의 진리를 단순히 인식하는 존재를 넘어서 거기에 인간의 가치를 추가할 수 있는 존재가 된다. 따라서 인간의 의지를 강조한 르네상스 시대의 지식인들은 진리를 알기 위한 학문, 다시 말해 철학보다는 사람들에게 어떤 일을 하도록 설득하는 것을 중시했다.

마키아벨리도 이런 흐름에서 벗어나 있지 않다. 신을 부정하지 않으면서도 인간의 선택을 부분적으로 인정한다. 그리고 어떤 선택을 할 것인가에 대해서 고대의 인물들에게서 배운다. 다만 마키아벨리의 배움은 특이했다. 그는 고대의 인물들로부터 도덕적이고 비판적인 교훈을 끌어내는 것이 아니라, 그들의 강함을 배우려고 했다. 추상적이고 체계적인 학문을 추구하지는 않았음에도, 마키아벨리는 근대 정치학의 형성에 지대한 영향을 미친 인물이며 철학(또는 정치 철학)의 역사 속에 자신의 이름을 남긴 인물로 평가된다. 좋은 의미든 나쁜 의미든 자신의 이름에 '주의ism'가 붙는 영예를 얻은 사상가는 그리 많지 않다.

마키아벨리의 《군주론》을 이해하기 위해서는 르네상스 지식인들의 사상적 흐름을 이해하는 것도 중요하지만, 마키아벨리가 겪었던 정치적 사건들을 알아야 한다. 《군주론》은 40대 중반의 몰락한 외교관이 자신의 경험과 역사 지식을 바탕으로 쓴 책이다.

마키아벨리는 이탈리아 르네상스의 수도라고 불리는 피렌체에서 1469년에 태어났다. 1469년은 르네상스 예술의 후원자로 잘 알려진 로렌초 데 메디치, 일명 로렌초 대인이 피렌체의 권좌에 오른 해이기도 하다. 권좌에 올랐다는 말이 군주가 되었다는 의미는 아니다. 피렌체 사람들은 13세기에 유력한 귀족 가문을 몰아내고 공화정을 수립했다. 이 공화정은 2개월마다 추첨을 통해 새로운 정부를 구성하는 체제였다. 따라서 그 정책이 일관성 있게 수행되지 못할 가능성도 있었다. 이 문제는 메디치 가문이 피렌체를 지배하면서 해결되었다. 메디치 가문은 선출 과정을 조작하여 1434년부터 1494년까지, 약 60여 년 동안 집권을 이어 갔다. 결국 이 기간 동안 공화 정부는 명목에 지나지 않았다. 물론 메디치 가문의 집권이 순탄하게 유지된 것은 아니었다. 1478년에 파치Pazzi 가문의 사람들이 로렌초 형제를 암살하려 했지만 실패했다. 암살이 실패로 끝난 후에, 온 도시를 시끌벅적하게 만든 처형 과정이 있었다. 워낙 떠들썩한 처형 과정이어서 유년기의 마키아벨리에게도 깊은 인상을 남겼을 것이 분명하다.

이 암살 사건은 피렌체 내부 유력 가문들 사이의 단순한 권력 다툼이 아니었다. 음모에 가담했다가 처형된 인물에는 피사의 대주교도 끼어 있었다. 그리고 그 배경에는 이탈리아에서 영토를 확장하려는 교황(교회 국가)의 계획도 있었다. 따라서 이 사건은 정치와 종교가 뒤엉킨 이탈리아 도시 국가들 사이의 전쟁이라고 할 수 있다. 당시 이탈리아에는 다섯 개(피렌체, 베니스, 밀라노, 교황 국가들, 나폴리)의 주요 세력이 있었다. 이 도시 국가들은 끊임없이 음모를 꾸미고 충돌하고 협정을 맺으며, 자신의 세력을 확대할 기회를 엿보고 있었다. 게다가 1494년에는 프랑스왕 샤를 8세가 밀라노 사람들의 초대로 이탈리아로 침입하면서 상황은 더욱 복잡해졌다. 이른바 '이탈리아 전쟁'이 시작된 것이다. 그리고 곧 신성 로마 제국도 이탈리아로 침입하였다. 이렇게 시작된 이탈리아 전쟁은 중간중간 정전 기간이 존재하긴 하지만 16세기 중엽까지 지속되었다. 그리고 이때부터 19세기까지 이탈리아 반도는 외세의 영향에서 벗어나지 못한다.

프랑스왕 샤를 8세가 이탈리아로 침입하고, 이어서 사보나롤라가 이끄는 반란이 일어나면서, 메디치 가문은 피렌체에서 축출되었다. 사보나롤라가 통치하는 동안 피렌체는 민주적 개혁으로 공화정 질서를 회복했다. 하지만 성직자인 사보나롤라는 피렌체를 '하나님의 나라'로 만들고자 했다. 따라서 허영심의 산물이라고 판단되는 것들(예술 작품과 책 같은 것)을 소각하도록 지시하기도 했다. 이는 르네상스라는 시대의 흐름을 거역하는 것이었다.

사보나롤라의 지배는 오래 지속되지 못하고, 1498년에 사보나롤라가 화형당하는 것으로 마감되었다. 이후에는 피에로 소데리니Piero Soderini가 지도하는 공화정 체제가 1512년까지 이어졌다. 그리고 1512년에는 조반니 디 로렌초 데 메디치가 이끄는 메디치 가문이 복귀했다. 이듬해에 조반니는 교황 레오 10세가 되었다. 아버지인 로렌초 대인은 교황과 반목했지만 아들 조반니는 교황이 된 것이다. 마키아벨리는 1498년 사보나롤라가 화형당한 직후에 피렌체 정부의 중요한 직책을 맡기 시작했다. 마키아벨리는 이때부터 메디치 가문이 복귀하는 1512년까지, 외세가 개입한 가운데 이탈리아 국가들 사이의 전쟁이 한창이던 시기에, 피렌체 공화국의 중요한 외교 업무를 담당했다.

마키아벨리는 인간을 짐승만큼 사납고 위험하지만 그보다 더 탐욕스럽고 잔인한 존재로 그렸다. 인간은 자신의 이익을 위해 움직이며, 특히 권력과 물질적 풍요를 얻고자 하는 욕망에 따라 행동한다고 주장했다. 그가 보기에 "사람들은 은혜를 모르고, 변덕스럽고, 위선과 가장에 능하고, 위험한 일은 회피하고, 득이 되는 것에는 탐욕을 부리는" 존재들이었다. 이러한 평가는 1500년을 전후한 이탈리아의 상황과 그의 경험에서 비롯했다. 《군주론》은 이러한 상황에 대한 마키아벨리의 해답 같은 것이었다. 이런 엄혹한 현실에서 국가의 안전을 유지하는 것, 그것이 군주의 의무였다. 여기까지는 누구나 할 수 있는 주장이다.

마키아벨리의 특이점은 군주가 권력을 획득하고 유지하기 위해서는 옳은 것이 아니라 '필요한 것을 해야 한다'고 주장한 데에 있다. 그는 사람들이 군주의 덕목으로 들고 있는 것이 오히려 그를 파괴할 수도 있다고 생각했다. 그래서 강력한 권력과 효율성을 칭송하며, 무자비한 행동도 용인했다. 군주는 공포를 통해 복종을 강요할 필요가 있다고 주장하기도 했다. 이러한 마키아벨리의 주장은 기독교 전통에 충실하던 그 당시 사람들에게 큰 충격을 주었다.

《군주론》의 서술은 끊임없는 인과관계를 통해 이어진다. '왜냐하면, 때문에, 따라서, 그러므로, 그 결과' 같은 말이 한 문장 안에서 여러 차례 반복되는 경우가 허다하다. 그와 더불어 '반드시, 불가피하게, 할 필요가 있는, 해야 만하는' 행동이 나오며, 그에 따라 성공 또는 실패, 승리 또는 패배라는 결과가 나온다. 따라서 군주 또는 군주가 되고자 하는 사람의 행동 하나하나가 중요했다. 아니 어쩌면 그것은 죽느냐 사느냐 하는 생존의 문제였다.

마키아벨리는 이 모든 것을 역사적 사건을 통해 설명한다. 그런 의미에서 《군주론》은 일반 이론을 제시하는 정치학이라기보다는 역사책이다. 그러므로 독자들은 이 책을 읽으면서 마키아벨리즘이라는 일반 이론을 파악하려고 애쓰기보다는, 그저 느끼고 때로는 교훈을 얻으려는 태도를 갖는 것이 좋을 것 같다.

번역은 언어의 차이뿐 아니라 사고방식의 차이 때문에 어려움을 겪는 작업이다. 번역 과정의 일반적인 문제와 더불어, 《군주론》을 번역하는 사람들이 겪는 특별한 문제가 있다. 현대의 용어로 도저히 번역하기 어려운 말이 있기 때문이다. 첫 번째는 '비르투*virtù*'라는 단어다. 오해의 여지를 없애기 위해서는 이 단어를 번역하지 않고 그대로 놔두는 것이 좋을 것이다. 하지만 이것은 독자가 읽을 때 가독성을 떨어뜨릴 뿐 아니라 번역자의 의무를 방기하는 것이라고 생각한다. 비르투는 영어의 덕*virtue*과 어원이 같다. 그런데 영어에서도 그렇고 우리말에서도 그렇듯이 '덕'에는 '나쁨'이나 '악'과 대립하는 도덕적 '좋음'이나 '선'의 의미가 담겨 있다. 하지만 마키아벨리가 사용하는 비르투에는 이러한 도덕적 선악의 구별이 들어 있지 않다. 또한 비르투는 덕 또는 탁월성으로 번역되는 그리스어의 아레테*arete*와도 차이가 있다. 마키아벨리의 비르투는 완전함이 아니라 부족한 것을 극복하려는 노력이라고 해야 하기 때문이다. 마키아벨리는 비르투를 정치 권력을 획득하고 그것을 유지할 수 있게 하는 군주의 자질이나 특성을 나타내는 데 사용한다. 따라서 판단력 부족이 문제인 경우에 비르투는 '통찰력', 게으름이 만연한 곳에서는 '정력적인 활동', 비겁한 사람들이 판을 치는 경우에는 '용기'일 수 있다. 한편 그것은 때로 '교활함'일 수도 있고 '잔인함'일 수도 있다. 그렇지만 비르투를 교활함이나 잔인함으로 옮길 수는 없다. 마키아벨리가 사용한 비르투에는 긍정적인 함의가 들어 있기 때문이다. 그래서 이 단어를 문맥에 따라, 역량, 능력, 자질, 힘, 재능 같은 말로 옮겼다.

비르투와 더불어 또 하나 어려운 용어가 '포르투나*fortuna*'다. 이 용어는 로마 신화에 나오는 운명의 여신 포르투나(그리스 신화의 티케)에서 온 말이다. 여신은 변덕스럽고 불확실한 인생을 나타내기도 하고, 때로는 풍요로움을 뜻하기도 한다. 하지만 마키아벨리는 이 말을 국가의 안전을 위협하고 인간에게 고통을 안겨주는 근원으로 사용하는 경향이 있다. 포르투나는 인간의 통제를 벗어난 상황 같은 것이지만, 우연도 아니며 정해진 운명 같은 것도 아니다. 자유 의지를 지닌 인간은 그것에 저항할 수 있다. 운명의 여신을 완전히 정복할 수는 없지만, 군주는 운명의 여신에 구애하고 또한 지배하려고 노력해야 한다. 그러므로 운명(포르투나)을 이용하고 또는 극복하려는 능력(비르투)이 필요하다. 이렇게 둘의 관계를 설정한 것이 마키아벨리의 독특함이라고 할 수 있다. 이 책에서는 포르투나를 문맥에 따라 운, 운명, 행운으로 옮겼다.

이 두 가지 용어에 덧붙여 하나를 더 언급하고 싶다. '군주'라고 하면 우리는 일반적으로 영국이나 프랑스의 왕king 같은 존재를 생각하기 쉽다. 하지만《군주론》의 '군주'는 그러한 존재가 아니다. 여기서 '군주'는 로마 황제에 대해서도, 작은 지역의 영주에게도 사용하는 칭호다. 영어로는 'principal man' 정도라고 볼 수 있으며, 정치 권력을 지닌 사람, 국가를 통치하는 사람을 나타낸다. 따라서 통치자나 정치 지도자 정도로 번역할 수도 있는 용어다. 하지만 이렇게 번역하면 '군주론'이라는 널리 알려진 명칭이 지니는 이점까지도 손상될 수 있다고 생각했다. 따라서 그냥 '군주'라고 옮겼다.

이 번역은 W.K. 매리어트(1847~1927)의 번역본[1]과 N.H. 톰슨(1830~1921)의 번역본[2]을 저본으로 하고 필요할 때마다 다양한 영어 판본을 대조하면서 진행했다. 그중에는 어순이나 단어 선택에서 이탈리아어 판에 충실하다는 평가를 받는 것도 있고, 좀 더 읽기 쉽게 의역한 것도 있다. 가끔은 영역본에 따라 의미가

---

1   *The Prince*(translated by W.K. Marriott, translated in 1908)
https://en.wikisource.org/wiki/The_Annotated_Prince

2   *The Prince*(translated by N.H. Thomson, translated in 1910)
https://en.wikisource.org/wiki/The_Prince_(Hill_Thomson)

크게 차이 나는 부분도 있었다. 이럴 때는 다수 판본의 의미를 따르거나 어떤 판본이 더 올바른 번역인지를 평가해야 했다. 그리고 어떤 부분에서는 이탈리아어 판본에서 사용한 단어를 찾아보아야 했다. 잘못된 번역을 최대한 피해보려는 이런 노력이 얼마나 성공했는지는 알 수 없다. 내게 주어진 시간 안에서 다른 번역서보다 좀더 정확한 번역을 하고자 노력했을 따름이다.

김종원

《군주론》 어떻게 끝까지 읽을 것인가[1]

고전은 특정한 시간과 장소의 제한을 뛰어넘는 인간의 보편적 가치를 담고 있다고 평가받는 책이다. 그런 이유로 우리는 끊임없이 고전 읽기에 도전한다. 하지만 고전은 우리 학문 체계로는 분류하기 어려운 방식과 오래되고 낯선 언어로 쓰인 책이다. 그래서 읽기 어렵다. 《군주론》도 예외는 아닐 것이다. 다만 한 가지 위안은 짧다는 점이다. 어디까지나 개인적인 생각이지만 《군주론》이 고전 가운데 가장 많이 읽히는 데에는 분량도 한몫했을 것이다.

....

1 옮긴이의 글이다

《군주론》을 읽고자 하는 사람이 맞닥뜨리는 가장 큰 어려움은 고유명사다. 마키아벨리는 여러 역사적 사건을 통해 자신의 주장을 펼친다. 처음 《군주론》을 접한 독자는 이런 사건들에 신경 쓸 필요가 없다. 역사를 전공한 옮긴이조차도 자세히 알지 못하는 사건들이 많으니 의기소침하지 않아도 된다. 또한 이 책을 정치학 이론서로 생각하여 '마키아벨리즘'이라는 이념을 파악하려고 해서도 안 된다. 그저 세상을 바라보는 하나의 시각으로 간주하고, 그것을 통해 나의 행동이나 오늘날의 정치를 생각해 보는 편이 좋다. 자기계발서를 읽듯이 《군주론》을 대하기를 권한다.

이런 마음으로 《군주론》을 대하되, 책을 읽기 시작하면 종이 한 장을 준비하는 것이 좋다. 마키아벨리는 군주국의 종류를 나누는 것에서 시작하여 책 말미까지 계속해서 이런저런 경우로 분류한 후에 각각의 경우에 어떻게 권력을 획득하고 유지할지를 설명한다. 그러므로 이제 읽으면서 종이에 각 장의 제목 또는 주제를 적는다. 그리고 옆에 그 주제를 설명하는 데 이용한 인물을 적는다.

보기를 들자면 이렇다. 2장은 '세습 군주국, 페라라 공작'이고, 3장은 '기존 군주국에 추가된 혼합군주국으로서 신생 군주국, 루이 12세, 루도비코, 알렉산데르'다. 욕심을 내서 지명을 추가할 수도 있고, 책에서 설명된 사건의 간략한 요약도 적을 수 있다.

'1484년 베네치아가 페라라를 공격함'처럼. 물론 독서의 속도에 방해가 된다면 사건 요약을 건너뛰는 것이 좋다.

4장은 3장의 보충 설명이지만 그 안에서 또 다른 분류가 나온다. '군주가 가신을 거느리고 통치하는 것과 군주가 영주들과 더불어 통치하는 것.' 그리고 '알렉산드로스 대왕, 튀르크 황제, 프랑스 왕'의 사례가 나온다. 6장에서 9장까지는 '전적으로 새로운 군주국'에 대한 설명인데, 군주가 되는 방법(역량*virtu*, 운*fortuna* 등)을 구분해 각 장을 서술한다. 이후의 장들에서는 군대의 종류를 구분하고, 또 군주가 칭송되거나 비난받는 행위나 자질을 분류하여 설명하며, 마지막에는 당대 이탈리아 상황에서 역량과 운명의 문제를 다룬다.

이것을 참고하여 A4용지 한 장(또는 두 장)에 주제와 고유명사를 나열해보라. 마키아벨리의 분류 방식을 따라가보는 작업은 재미있다. 게다가 다 읽은 후에는 전체적인 맥락을 한눈에 볼 수 있을 뿐 아니라, 고유명사들이 겹치는 것도 발견할 수 있다.

각 장의 서술 방식은 평이하다. 따라서 주제와 소재 그리고 저자가 전달하려는 교훈을 파악하는 데 별 어려움이 없다. 용기를 내어 끝까지 읽으시라.

차례

•

헌정사

•

로렌초 데 메디치 대인께

군주의 은총을 얻으려고 하는 사람들은 대개 자기가 가장 귀하게 여기거나, 군주가 특별히 좋아하리라고 생각하는 것들을 가지고 그를 만나러 옵니다. 그래서 우리는 군주들이 말, 무기, 금실로 짠 옷감, 보석 그리고 그들의 위대함에 걸맞은 유사한 장식품들을 선물로 받는 것을 자주 목격합니다.

따라서 저도 대인[1]께 제 자신을 모두 바치겠다는 충성의 증표

---

1 보통 '대인 로렌초(Lorenzo il Magnifico)'라고 하면, 피렌체의 실권자였으며 이탈리아 르네상스의 강력한 후원자였던, 로렌초 데 메디치(Lorenzo de' Medici, 1449~92)를 말한다. 《군주론》은 이름이 같은 그의 손자(Lorenzo di Piero de' Medici, 1492~1519)에게 헌정한 것이다.

를 드리고 싶은데, 제가 가진 것들 중에서 가장 소중하고 가치 있는 것은 위대한 인물들의 행적에 대한 지식이라는 것을 알게 되었습니다. 이 지식은 제가 현대의 일들에 대한 오랜 경험과 고대에 대한 끊임없는 연구를 통해서 얻었습니다. 저는 이것들을 오랫동안 아주 곰곰이 생각하고 검토했는데, 이제 그것을 작은 책자로 간추려서 대인께 보냅니다.

대인께 바치기에는 이 책이 많이 부족하다고 생각합니다. 그럼에도 여러 해 동안 많은 어려움과 위험을 겪으면서 제가 알게 된 모든 것을 아주 짧은 시간 안에 이해할 수 있는 기회를 드리는 것보다 저로서는 더 나은 것을 드릴 수 없음을 헤아리시어, 대인께서 넓은 아량으로 이것을 받아주시리라고 믿습니다. 많은 저자들이 대개 자신의 작품을 지나치게 긴 문장이나 과장되고 근사한 말이나 본질과 무관한 달콤한 표현으로 치장하곤 합니다만, 저는 이 작품에 그 어떤 치장도 사용하지 않았습니다. 저는 이 저작이 소재의 다양함과 주제의 진지함만으로 존중받기를 바랄 뿐, 그 밖의 다른 것으로는 평가되기를 원하지 않습니다.

또한 신분이 낮고 비천한 사람[2]이 감히 군주들의 관심사에 대

---

2 1494년에 프랑스왕 샤를 8세(Charles Ⅷ)가 이탈리아 반도로 침입하면서 이탈리아 전쟁이 시작되었다. 프랑스 군대가 피렌체로 입성하면서 메디치가는 피렌체에서 쫓겨났다. 이후 새로운 공화정이 수립되고, 1498년에 이 공화정에서 마키아벨리의 공직 생활이 시작되었다. 정권의 핵심에 있었던 마키아벨리는 1512년 메디치 가문이 복귀하면서 공직에서 쫓겨났고, 이 시기에 《군주론》을 썼다.

해서 논하고 행동 규범을 제시한다고 해서 이를 주제넘은 짓이라 생각하지 않으셨으면 좋겠습니다. 풍경을 그리는 사람이 산이나 높은 곳의 특성을 제대로 관찰하기 위해서 낮은 평지에 자리 잡고, 낮은 곳의 특성을 파악하기 위해서 산꼭대기로 올라가는 것과 마찬가지로, 인민의 본성을 이해하기 위해서는 군주가 되어볼 필요가 있고, 군주의 본성을 이해하기 위해서는 인민이 되어볼 필요가 있기 때문입니다.

그러하오니, 대인, 제 마음을 담아 보내는 이 작은 선물을 부디 받아주십시오. 이것을 주의 깊게 읽고 음미하신다면, 대인께서 지니신 운*fortuna*이나 다른 자질이 약속하는 위대함을 대인께서 꼭 성취하시기를 제가 얼마나 간절히 바라는지 아시게 될 것입니다. 그리고 가끔 그 위대함의 정상에서 이 낮은 곳으로 눈을 돌리신다면, 끊임없이 저를 따라다니는 이 끔찍한 불운이 얼마나 부당한 것인지도 아시게 될 것입니다.

1장

군주국의 종류와 획득 방법

지금까지 사람들을 통치한 모든 국가와 권력은 공화국이거나 아니면 군주국이다.

군주국은 하나의 가문이 여러 세대 동안 통치했다면 세습 군주국이고, 그렇지 않다면 신생 군주국이다. 신생 군주국은 프란체스코 스포르차[1]가 밀라노를 장악했을 때처럼 전적으로 새롭거나, 아니면 에스파냐왕이 차지한 나폴리 왕국처럼 군주가 정복을 통해 자신의 세습 국가에 추가한 영토일 수 있다. 그렇게

---

1   프란체스코 스포르차(Francesco Sforza)는 1447년 밀라노에서 건립된 암브로시오 공화국의 용병 대장이었으나, 1450년 기근에 따른 혼란을 틈타 밀라노의 권력을 장악했다.

획득된 영토는 군주의 지배를 받으며 사는 데 익숙하거나 아니면 자치정부의 자유를 누리는 데 익숙하다. 그리고 이러한 영토 획득은 군주 자신의 군대나 타인의 군대에 의해 이루어지는데, 행운*fortuna*이 따르거나 능력*virtù*이 있어야 가능하다.

2장

세습 군주국

공화국에 관해서는 다른 곳에서[1] 길게 서술한 바 있으므로 따로 논의하지 않겠다. 여기서는 군주국에만 집중할 것인데, 1장에서 언급한 분류에 따라 이야기를 엮어나가면서, 어떻게 하면 그러한 군주국들이 잘 통치되고 보존될 수 있는지 논하려고 한다.

　제일 먼저 나는, 사람들이 오랫동안 그 군주의 가문에 익숙해져 있는 세습 군주국을 유지하는 일이 새로운 국가를 유지하는 일보다 훨씬 어려움이 적다는 말로 시작하겠다. 세습 군주는 자신의 선조들이 세워놓은 관습과 질서를 벗어나지만 않으면 되

1　마키아벨리의 또 다른 저작《로마사 논고》를 가리킨다.

고, 뜻하지 않은 사건이 발생했을 때는 정책을 조금만 수정하여 신중하게 대처하면 된다. 이렇게 하면 세습 군주가 평균 수준의 능력을 지니고 있다고 할 때, 예사롭지 않고 엄청난 어떤 힘이 국가를 빼앗아가지 않는 한, 그는 언제나 국가를 유지할 것이다. 그리고 빼앗긴다고 해도 강탈자에게 작은 재난이라도 들이닥치기만 하면, 그는 곧 국가를 되찾을 것이다.

이탈리아에서 이러한 사례를 찾자면 페라라 공작을 들 수 있다. 페라라 공작은 1484년 베네치아의 공격과 1510년 교황 율리우스[2]의 공격을 잘 버텨냈는데, 공작 가문이 그 영지에서 오랫동안 확고하게 자리 잡고 있지 않았다면 그렇게 할 수 없었을 것이다.[3] 혈통에 의해 권력을 상속받은 군주는 백성들에게 해를 입힐 이유도 그럴 필요도 더 적으므로, 백성들의 사랑을 더 많이 받을 것이다. 예사롭지 않은 악행으로 미움을 사지 않는다면, 백성들이 그에게 호감을 가질 것이라고 생각하는 것은 합리적이다. 왜냐하면 한 가문의 통치가 몇 세대 지속되면 변화에 대한 기억과 그 원인은 희미해지기 마련인데, 그와는 반대로, 한 번 변화가 일어나면 그 변화는 언제나 그 다음 변화가 만들어질 수 있는 토대를 남겨놓기 때문이다.

....

2 교황 율리오 2세(Julius Ⅱ).

3 마키아벨리는 한 사람의 공작인 것처럼 말하지만, 사실 두 명의 페라라 공작, 아버지 에르콜레 데스테(Ercole I d'Este)와 아들 알폰소 데스테(Alfonso d'Este)의 이야기다.

3장

혼합 군주국

신생 군주국의 경우에는 어려움이 존재한다. 우선 그것이 전적으로 새로운 것이 아니라 기존의 군주국에 추가된 영토라면, 그래서 전체적으로 봤을 때 두 가지가 혼합된 것이라고 부를 수 있다면, 국가의 불안정은 그 무엇보다도 모든 신생 군주국이 태생적으로 가지고 있는 불가피한 문제에서 비롯된다. 사람들은 자신들의 처지를 개선할 수 있다고 생각하면서 기꺼이 통치자를 갈아치우려고 한다. 그리고 이런 믿음으로 통치자에 대항하여 무기를 든다. 그러나 이러한 생각은 잘못된 것인데, 그들은 경험을 통해 나중에 사정이 나아지기보다는 더욱 악화되었다는 사실을 알게 되기 때문이다. 이는 자연적이고 일반적인 또 다른 필연성 때문에 일어나는 일이다. 다시 말해, 신생 군주는 자신에게 굴복한 새로운 영토의 사람들에게 자신의 점령 군대로 부담을 지우고, 정복 과정에 뒤따르는 무수히 많은 또 다른 침해 행위로 피해를 입히지 않을 수 없기 때문이다. 이렇게 하여 당신은 그 군주국을 획득하는 과정에서 해를 입힌 모든 사람들을 적으로 만든다. 게다가 당신이 권력을 장악하는 데 도움을 준 사람들과도 계속해서 유대를 이어갈 수 없다. 그들이 기대한 만큼 그들을 만족시킬 수도 없으며, 여전히 그들을 필요로 하므로 그들에게 엄하게 대할 수도 없기 때문이다. 이는 당신의 군대가 아무리 강력하더라도, 새로운 지역에 들어갈 때는 언제나 그 지역 사람들의 호의가 필요하기 때문이다. 프랑스왕 루이 12세가 밀라노를 신속하게 점령할 수 있었지만, 마찬가지로 신속하게 상실한 이유가 바로 이것이었다. 처음 루이 12세를 쫓아낼 때 루도비코는 자신의 군대만으로도 그것을 할 수 있었다.[1] 왜냐하면 루이 12세에게 밀라노 성문을 열어주었던 사람들은 자신들이 잘못 생각했으며 기대했던 이득도 얻을 수 없다는 것을 깨닫게 되자, 새로운 군주가 부과하는 가혹한 조건을 참을 수 없었기 때문이다.

....

1 루도비코 스포르차(Ludovico Sforza)는 프란체스코 스포르차(Francesco Sforza)의 아들로 1494년부터 1500년까지 밀라노를 통치했다. 그는 1499년 9월 프랑스왕 루이 12세(Luis Ⅶ)에게 밀라노를 잃은 후 1500년 2월에 다시 찾았다. 그러나 같은 해 4월 프랑스 군대에 다시 빼앗겼다.

반란을 일으켰던 영토를 두 번째로 점령했을 때는, 그것을 그리 쉽게 다시 잃지는 않을 것이다. 반란으로부터 배운 것이 있으므로, 신생 군주는 직무 태만자를 처벌하고 혐의자를 색출하며 취약 부분을 강화하는 데 주저하지 않을 것이기 때문이다. 그리하여 처음 루도비코 공작이 프랑스로부터 밀라노를 되찾을 때는 국경 지역에서 무력시위를 하는 것만으로도 가능했지만, 두 번째 되찾기 위해서는 전 세계가 프랑스왕에 대항하게 만들어 그의 군대를 완전히 제거하거나 이탈리아에서 몰아내야만 했다.[2] 이런 일이 벌어진 것은 앞에서 말한 이유 때문이었다.

어쨌든 프랑스는 두 번 모두 밀라노를 상실했다. 첫 번째 실패의 일반적 이유는 이미 논의했다. 이제 남은 일은 두 번째 실패 이유를 설명하고, 프랑스왕이 취할 수 있었던 대책은 무엇이었는지 그리고 이와 유사한 상황에 있는 사람이 프랑스왕이 했던 것보다 정복지를 더 잘 유지할 수 있는 방법이 무엇인지 알아보는 것이다.

두 가지 경우를 구분할 필요가 있다. 오랜 역사를 지닌 국가에 병합된 국가는 정복자의 국가와 동일한 지역에 속하면서 동일

----

2 1511년 여름에 이르면 이탈리아 동북 지역 대부분은 프랑스의 수중에 들어갔다. 프랑스에 맞서기 위해 교황 율리오 2세는 신성동맹을 주창했는데, 에스파냐, 잉글랜드, 신성 로마 제국 등이 동맹에 참가했다. 1512년 4월 라벤나 전투 이후 이탈리아 지역에서 어려움을 겪은 프랑스는 6월 초에 밀라노에서 군대를 철수하기 시작했다.

한 언어를 사용할 수도 있고, 그렇지 않을 수도 있다. 동일 지역에 속하고 동일한 언어를 사용하는 영토라면, 특히 자치 정부의 자유에 익숙하지 않은 곳이라면, 유지하기가 훨씬 수월할 것이다. 그곳을 안전하게 소유하기 위해서는 그곳을 지배했던 군주의 가문을 제거하는 것만으로도 충분하다. 왜냐하면 그 영토에서 다른 모든 조건은 예전 그대로 유지될 수 있을 것이고, 관습상의 큰 차이가 없다면 사람들은 더불어 평온하게 살아갈 것이기 때문이다. 우리는 이것을 부르고뉴, 브르타뉴, 가스코뉴, 노르망디에서 볼 수 있는데, 이들 모두 오랫동안 프랑스에 통합되어 있던 곳이다. 언어가 조금 다르긴 하지만, 그래도 관습은 비슷하고, 그래서 사람들은 서로 간에 잘 지낼 수 있다. 그래서 그러한 국가를 획득한 사람이 그것을 계속 유지하기를 원한다면, 다음 두 가지 사항을 염두에 두어야 한다. 그중 하나는 그 국가를 통치하던 예전 군주 가문을 완전히 제거하는 것이고, 다른 하나는 모든 법률과 조세를 그대로 유지하는 것이다. 그렇게 하면 새로 획득한 영토가 오래 지속된 군주국과 완전히 한 몸이 되는 데에 그리 오랜 시간이 걸리지 않을 것이다.

　그러나 언어, 관습, 제도가 다른 지역의 국가를 획득할 때는 어려움이 따른다. 그리고 이러한 상황에서 새로 획득한 영토를 유지하기 위해서는 행운과 엄청난 노력이 필요하다. 정복한 통치자가 몸소 그곳에 가서 거주하는 것이 아마도 가장 효과적인 해결책일 것이다. 이러한 조치를 취하면 그 소유령을 더욱 안전하고 단단하게 지킬 수 있다. 튀르크 술탄이 그리스에서 했던 일이 이것이다.[3] 그 나라를 확보하기 위해 취한 다른 모든 조치들도 그가 그곳에서 정착하지 않았다면 효과가 없었을 것이다. 현지에 거주한다면 혼란이 일어나자마자 알아챌 수 있고, 따라서 신속하게 대처할 수 있기 때문이다. 반면 그곳에서 멀리 떨어져 있다면 사태가 심각해진 다음에야 소식을 접할 수 있고 그때는 이미 치유책이 없을 것이다. 게다가 당신이 그곳에 거주한다면 당신의 관리들이 그 나라를 함부로 약탈하는 일은 없을 것이며, 백성들은 그곳에 살고 있는 군주에게 재빨리 호소할 수 있어 만족할 것이다. 따라서 선량한 백성이 되고자 하는 사람은 당신을 사랑할 이유가 많아지며, 다른 마음을 품은 사람이라면 당신을 두려워할 이유가 많아진다. 그래서 외부에서 그러한 국가를 공격할 계획을 세운 사람이 있다면, 그들은 계획을 재검토하게 될 것이다. 그러므로 당신이 새로운 영토에 가서 거주한다면, 그곳을 쉽게 잃지 않을 것이다.

더 나은 또 하나의 해결책은 새로 획득한 국가 한두 곳에 주민을 이주시켜 식민지를 건설하는 것으로, 이곳들을 이른바 족쇄

---

3 오스만튀르크의 술탄 메메트 2세(Mehmet II)가 1453년에 비잔틴 제국을 점령한 후 수도를 콘스탄티노플로 옮겼다.

역할을 하게 만드는 것이다. 이렇게 하지 않는다면 수많은 기병대와 보병대를 주둔시켜야 할 것이다. 식민지에는 큰 비용이 들지 않는다. 군주 자신은 비용을 전혀 들이지 않거나 아주 조금만 지출하여 식민지를 건설하고 유지할 수 있다. 이것으로 피해를 보는 쪽은 새로 이주해온 주민들에게 주기 위해 땅과 집을 몰수당한 사람들뿐인데, 그들은 전체 인구에서 극히 소수에 지나지 않는다. 그리고 그들은 이제 뿔뿔이 흩어진 데다가 가난하기 때문에 군주에게 전혀 해를 끼칠 수 없다. 다른 사람들은 피해를 보지 않을 것이며, 그래서 침묵을 유지할 것이다. 동시에 이들은 수탈당한 소수에게 일어났던 일이 자신들에게도 일어나지 않을까 하는 두려움 때문에 실수를 범하지 않으려 애를 쓴다. 결론적으로 말하면, 이러한 이민 식민지는 비용이 많이 들지 않고, 더욱 충성스러우며, 피해도 소수에게만 입힌다. 그리고 이미 이야기했듯이, 피해를 입은 사람들은 가난하고 뿔뿔이 흩어진 상태이기 때문에 해를 끼칠 수 없다. 이와 관련해 유념할 사항이 있다. 사람들을 잘 보살피든지 아니면 완전히 파멸시켜야 한다는 것이다. 사람들은 사소한 피해를 당하면 보복하지만, 큰 피해를 입으면 그럴 수 없기 때문이다. 따라서 당신이 누군가에게 해를 입히려고 한다면, 그 사람의 복수를 두려워하지 않아도 될 정도로 확실하게 파멸시켜야 한다.

식민지를 건설하는 대신에 군대를 주둔시킨다면, 훨씬 비용이 많이 들고, 그 새로운 영토에서 나오는 모든 세입이 그곳을 방어하는 데 소모될 것이다. 따라서 영토 획득이 이득이 아니라 손실로 변하고 만다. 또한 군대가 숙영을 위해 이리저리 옮겨 다니다 보면 영토 전체에 해를 끼치게 되고, 따라서 더 많은 사람들을 화나게 만들 것이다. 모든 사람이 어려움을 겪고, 모든 사람이 적이 된다. 그리고 이들은 비록 패배했지만 여전히 자기 집에 살고 있기 때문에 당신에게 해를 끼칠 수 있는 적들이다. 그러므로 모든 것을 고려할 때, 식민지는 유용하지만 군대를 주둔시키는 것은 무익하다.

또한 법률과 언어가 상이한 지역으로 옮겨간 군주는 주변에 있는 약소 세력들의 우두머리이자 보호자 역할을 하는 동시에, 어떻게든 그 지역의 유력한 세력들을 약화시켜야 한다. 특히 그는 자신과 경쟁할 만큼 강력한 외부 세력이 그 지역에 발을 들이지 못하도록 주의해야 한다. 지나친 야심 때문이든 아니면 두려움 때문이든, 불만을 품은 사람들은 언제나 외부 세력을 끌어들이려 할 것이다. 로마인들을 그리스로 끌어들인 것은 아이톨리아인들이었다.[4] 그 후에도 로마인들이 새로운 지역으로 들어갈 때마다 그 지역 주민들의 초대가 있었다. 그리고 강력한 외부인이 어떤 지역으로 들어가자마자, 그곳의 모든 약소 세력들이 그

---

4   아이톨리아는 고대 그리스 북서부의 한 지역.

에게 들러붙어 그의 편이 되고, 나아가 단지 반감과 질투심 때문에 지금까지 자신들을 지배해왔던 세력에 반기를 드는 것은 아주 흔한 일이다. 그래서 그는 아무 어려움 없이 약소 세력들을 자기편으로 끌어들인다. 그들 모두가 그가 획득한 영토와 자신들을 기꺼이 한 덩어리로 여기려 들기 때문이다. 그는 그저 그들이 너무 많은 권력과 권위를 지니지 않도록 주의하기만 하면 된다. 그러면 그는 자신의 군대와 그들의 지원을 통해 강력한 세력을 쉽게 약화시킬 수 있고, 그리하여 그 나라를 완전히 지배할수 있다. 그러나 이 일을 제대로 처리하지 못하는 통치자는 얼마 못 가서 자신이 획득한 영토를 잃고 말 것이며, 그것을 유지하고 있는 동안에도 곤경과 재난을 겪게 될 것이다.

로마인들은 그들이 병합한 나라에서 이러한 정책을 잘 준수했다. 로마인들은 이민단을 보내 식민지를 건설하고, 약소 세력과 우호적인 관계를 유지하면서 그들이 세력을 강화하지 못하게 했다. 로마인들은 유력한 세력을 약화시키고, 강한 외부 세력이 권위를 얻지 못하도록 했다. 이에 대해서는 그리스 지역을 예로 드는 것으로 충분할 것 같다. 로마인들은 아카이아인[5]들과 아이톨리아인들 하고는 우호적인 관계를 유지했고, 마케도니아

---

5 그리스 남부 펠로폰네소스 반도에 정착한 그리스 인. 기원전 16세기, 미케네 문명을 건설했다.

왕국의 세력을 약화시켰으며, 안티오코스[6]를 몰아냈다. 아카이아인들과 아이톨리아인들은 공을 세웠지만, 로마인들은 그들이 새로운 영토를 얻어 세력을 확장하는 것을 허락하지 않았다. 필리포스[7]는 로마인들을 설득해 그들과 우호 관계를 맺으려 했지만, 로마인들은 그의 세력이 약화될 때까지 우호 관계를 허락하지 않았다. 그리고 안티오코스는 강력한 세력을 지니고 있었지만, 그 지역에서 영향력을 행사하는 것이 허락되지 않았다. 이 사례에서 로마인들이 취한 조치는 현명한 군주라면 누구나 해야 할 일이었다. 현명한 군주는 현재 재난에만 관심을 기울이는 것이 아니라 앞으로 일어날 재난에 대해서도 관심을 가져야 하며, 모든 수단을 이용하여 재난에 대비해야만 한다. 재난을 미리 예견하면 치유하기가 쉽다. 하지만 바로 앞에 닥칠 때까지 아무 일도 하지 않는다면 약을 쓰기에도 너무 늦을 것이고, 병폐는 이미 치유할 수 없는 지경에 이를 것이다. 의사들이 폐결핵에 대해 이야기하는 것과 같은 일이 여기에서도 발생한다. 폐결핵은 발병 초기에는 치료하기 쉽지만 제대로 진단하기는 어렵다. 그러나 초기에 알아서 치료하지 않으면, 시간이 흐를수록 진단하기는 쉽지만 치유하기는 어려워진다. 국가의 일도 마찬가지다. 아

---

6 헬레니즘 시기 시리아 제국의 왕이었던 안티오코스 3세(Antiochos Ⅲ). 그리스를 차지하려 했으나 로마군에 패배했다.

7 마케도니아의 필리포스 5세(Philippos Ⅴ).

주 분별력 있는 사람만 할 수 있는 일이지만, 앞으로 일어날 재난을 미리 예견한다면, 신속하게 치유할 수 있다. 하지만 그것을 놓치고, 시간이 지나 모든 사람이 인식할 수 있을 정도로 사태가 커지면, 어떤 치유책도 더는 존재하지 않게 된다.

로마인들은 재난을 미리 예견하고, 언제나 그것을 신속하게 치유했다. 그들은 전쟁에 휘말리지 않기 위해서 문제가 곪아 터질 때까지 방치하지 않았다. 그들은 그렇게 한다고 해서 전쟁을 피할 수 있는 것이 아니며, 전쟁을 연기하면 다른 편만 유리해질 것을 알았기 때문이다. 그래서 로마인들은 그리스에서 필리포스와 안티오코스에 대해 전쟁을 벌이기로 결정했는데, 이는 나중에 이탈리아에서 그들과 전쟁을 치르는 일이 일어나지 않도록 하기 위함이었다. 로마인들은 두 전쟁을 당분간 피할 수 있었지만 그렇게 하지 않았다. 우리 시대의 현자들이 늘 입에 달고 사는 말, 즉 '시간이 약이다'라는 말을 그들은 결코 따르지 않았다. 오히려 그들은 자신들의 역량*virtù*과 분별력을 통해 얻을 수 있는 이익을 선택했다. 시간은 그 앞에 있는 모든 것을 휩쓸고 가서, 사정을 더 좋게 만들 수 있는 만큼 더 나쁘게도 만들 수 있기 때문이다.

이제 프랑스왕의 사례로 돌아가서, 지금까지 이야기한 것들 가운데 그가 어떤 조치를 취했는지 살펴보자. 나는 샤를이 아니라 루이에 대해서 이야기할 것인데, 루이는 이탈리아에서 속령을 더 오랫동안 유지했고, 따라서 그의 행적을 관찰하기가 더 쉽기 때문이다.[8] 당신은 그가, 언어와 관습이 다른 지역을 정복하고 유지하기 위해서 해야 할 조치들과는 정반대의 조치를 취했다는 사실을 보게 될 것이다.

루이왕을 이탈리아로 들어가게 만든 것은 베네치아인들의 야심이었다. 베네치아인들은 그의 개입을 이용해 롬바르디아 영토의 절반을 장악하려고 했다. 나는 루이왕이 이런 방책을 취한 것을 비난하지는 않겠다. 그는 우선 이탈리아에 거점을 마련하고 싶었지만, 그곳에는 친구가 전혀 없었다. 오히려 샤를왕의 행위 때문에 그에게는 모든 문이 닫혀 있다는 사실을 알게 되었다. 따라서 그는 그곳에서 찾을 수 있는 동맹 세력이라면 어떠한 동맹이든 받아들이지 않을 수 없었다. 다른 일을 처리하면서 실수를 범하지만 않았다면, 이 방책은 성공을 거두었을 것이다. 롬바르디아를 획득함으로써, 프랑스왕은 샤를이 잃어버린 명성을 신속히 회복했다. 제노바가 항복했고, 피렌체인들은 우호적이 되었다. 만토바 후작, 페라라 공작, 볼로냐의 벤티볼리오, 포를리의 레이디,[9] 파엔차 · 페사로 · 리미니 · 카메리노 · 피옴비노의 영주들, 게다가 루카 · 피사 · 시에나의 시민들, 이들 모두가 우호

8 샤를 8세와 루이 12세. 샤를 8세는 1494년 9월에 이탈리아로 침입했다가 1495년 10월에 프랑스로 돌아왔다.

9 포를리(Forli) 백작 부인 카테리나 스포르차(Caterina Sforza)의 대중적인 명칭.

관계를 맺으려 그에게 접근했다. 그제야 베네치아인들은 자신들이 한 일이 얼마나 무모한 짓이었는지 깨달았다. 그들은 롬바르디아의 두 도시를 얻기 위해, 프랑스왕을 이탈리아 영토 3분의 2의 주인으로 만들었던 것이다.

루이가 앞에서 제시한 규칙을 준수하여 모든 동맹 세력들의 안전을 보장하고 보호했다면, 얼마나 쉽게 이탈리아에서 자신의 지위를 유지할 수 있었을지 한번 생각해보자. 동맹 세력의 수는 많았지만, 그들은 힘도 없는 데다가 소심하기까지 했다. 일부는 교회를, 일부는 베네치아인들을 두려워하고 있었는데, 그래서 그들은 루이와 한편이 되었어야만 했다. 그리고 루이는 그들의 도움을 받아, 남아 있는 강력한 세력들로부터 쉽게 자신의 안전을 지킬 수 있었을 것이다. 그러나 그는 밀라노에 들어서자마자 정반대로 행동했다. 교황 알렉산데르[10]가 로마냐를 차지할 수 있도록 도와준 것이다. 그는 이 행위가 자신의 우방들과 그의 품에 자신을 맡겼던 사람들을 떠나게 만듦으로써 자기 자신을 약화시킨다는 점을 깨닫지 못했다. 그리고 이미 영적 권력을 통해 엄청난 권위를 지니고 있는 교회에 세속적 권력을 보태줌으로써 교회를 강화시킨다는 점도 깨닫지 못했다. 이 첫 실수를 범함으로써, 루이는 그 결과물을 처리하기 위해 어쩔 수 없이 점점

---

10   교황 알렉산데르 6세(Alexander Ⅵ).

더 깊은 수렁에 빠져들었고, 결국에는 알렉산데르의 야심을 억제하고 그가 토스카나를 지배하는 것을 막기 위해서 몸소 이탈리아로 들어가지 않으면 안 되었다. 그리고 교회를 강화시켜주고 스스로 우방들을 끊어내는 것으로도 충분하지 않았는지, 그는 나폴리 왕국을 차지하고 싶어 했고, 그래서 에스파냐왕과 나폴리를 분할했다.[11] 그때까지 루이는 이탈리아에서 최고 결정권자였지만, 이처럼 동업자를 끌어들임으로써, 그 지역의 야심가들이나 루이에게 불만을 품은 사람들이 의존할 만한 다른 누군가가 생기고 말았다. 루이는 자신의 관리인에게 나폴리 왕국의 왕위를 맡길 수도 있었다. 그러나 그렇게 하는 대신 그를 내쫓고, 자기 자신을 몰아낼 수 있을 만큼 강력한 인물을 그곳으로 데리고 온 것이다.

사실 영토를 획득하고자 하는 욕망은 매우 자연스럽고 평범한 일이며, 그럴 능력을 지닌 사람이 그 일을 하면 그는 그 일로 칭송을 받거나, 칭송을 못 받아도 적어도 비난을 받지는 않을 것이다. 하지만 그럴 능력도 없으면서 아무런 고려도 없이 그것을 하고자 한다면, 어리석은 짓이며 비난받아 마땅하다. 따라서 만약 프랑스가 자신의 군대만으로 나폴리를 공격할 수 있었다면,

---

11 1500년에 프랑스의 루이 12세와 아라곤의 페르난도 2세(Fernando II)는 그라나다 조약을 통해 나폴리를 나누어 갖기로 합의했다. 1501년에 실제 정복이 이루어지고, 1502년에 조약이 파기되었으며, 1504년에 이르러 프랑스는 나폴리를 완전히 상실했다.

당연히 루이는 그렇게 해야 했다. 그리고 그럴 수 없었다면, 그것을 다른 왕과 분할하지 말아야 했다. 롬바르디아를 베네치아인들과 분할한 일은 그것을 통해 프랑스가 이탈리아에 거점을 확보할 수 있었으므로 변명의 여지가 있다. 그러나 나폴리 왕국을 분할한 일은 그럴 필요는 전혀 없었으므로 비난받아 마땅하다.

그러므로 루이는 다음과 같은 다섯 가지 실수를 범했다. 첫째, 그는 약소 세력들을 제거해버렸다. 둘째, 이탈리아에서 이미 강력했던 누군가의 세력을 증대시켜주었다. 셋째, 강력한 외국세력을 끌어들였다. 넷째, 직접 그 나라에 가서 살지 않았다. 다섯째, 이민단을 보내 식민지를 건설하지 않았다. 하지만 그가 베네치아인들에게서 그들의 영토를 빼앗는[12] 여섯 번째 실수를 범하지 않았더라면, 그가 살아 있는 동안에 이런 실수들 때문에 심각한 피해를 입는 일은 일어나지 않았을 것이다. 물론 그가 교회를 강화시켜주지 않았거나 에스파냐를 이탈리아로 끌어들이지 않았다면, 베네치아인들을 약화시키는 것은 합리적이고 필요하기조차 한 일이었을 것이다. 그러나 이미 이 두 가지 조치를 먼저 취했다면, 베네치아를 붕괴시키는 것에 결코 동의하지 말았

---

12 1508년 12월에 교황 율리오 2세, 프랑스왕 루이 12세, 신성 로마 제국 황제 막시밀리안 1세(Maximilian Ⅰ), 에스파냐(아라곤)의 페르난도 2세 등은 베네치아를 공격하기 위해 캉브레(Cambrai) 동맹을 결성했다. 베네치아는 1509년 5월 아냐델로 전투(바일라 전투라고도 한다)에서 패하여 북 이탈리아 지역 대부분을 잃었다. 마키아벨리는 12장에서 용병의 문제점을 논하면서 이 전투에 관해서 이야기한다.

어야 했다. 왜냐하면 베네치아인들이 강한 힘을 지니고 있는 한, 그들은 다른 외부 세력들이 롬바르디아를 공격하지 못하도록 막았을 것이기 때문이다. 그리고 베네치아인들은 자신들이 롬바르디아 지배자가 되는 조건이 아니라면 다른 국가들이 그곳을 공격하는 것을 결코 허용하지 않았을 것이기 때문이다. 그런데 베네치아인들에게 넘겨주기 위해 롬바르디아를 프랑스로부터 빼앗으려 하는 국가는 없었을 것이다. 또한 프랑스와 베네치아 두 국가를 한꺼번에 상대해서 싸울 용기를 지닌 국가도 결코 없었을 것이기 때문이다.

만약 누군가가 '루이왕은 전쟁을 피하기 위하여 로마냐를 알렉산데르 교황에게 넘겨주고, 나폴리 왕국을 에스파냐에 넘겨주었다'라고 말한다면, 나는 앞에서 이야기한 이유들을 들어 다음과 같이 대답하겠다. 전쟁을 피하기 위하여 혼란이 지속되도록 방치해서는 안 된다. 왜냐하면 결국에는 전쟁을 피할 수 없을 것이고, 그것을 지연시킴으로써 그저 당신에게 불리해질 뿐이기 때문이다. 그리고 또 다른 누군가가 루이왕이 교황에게 한 서약, 다시 말해 교황이 왕의 혼인 파기[13]를 승인하고 루앙의 대주

13 루이 12세는 1476년에 그의 삼촌 루이 11세(Luis XI)의 딸 잔 드 프랑스(Jeanne de France) - 잔 드 발루아(Jeanne de Valois)라고도 불린다 - 와 결혼했으나, 1498년에 왕위에 오른 후 혼인을 취소하고 선왕인 샤를 8세의 미망인 안 드 브르타뉴(Anne de Bretagne)와 결혼했다. 이 혼인은 브르타뉴 공국을 프랑스 왕실 소유로 유지하기 위한 것이었다.

교를 추기경으로 임명한 것[14]에 대한 보상으로 교황을 위해 베네치아를 공격하는 계획에 착수하겠다는 서약을 근거로 제시할지도 모르겠다. 이 경우에 대해서는, 나중에 통치자에게 신의란 무엇이며 그가 약속을 어디까지 지켜야 하는지에 대해서 논의하는 것으로 답하려 한다.[15]

따라서 루이는 영토를 점령하고 그것을 유지하고자 했던 다른 사람들이 취했던 조치들을 취하지 않았기 때문에 롬바르디아를 잃었던 것이다. 여기에 기이하고 신비로운 것은 전혀 없다. 그것은 아주 합리적이고 자연스러운 일이다. 나는 낭트에서 루앙의 추기경과 이 문제를 논의한 적이 있는데,[16] 당시는 발렌티노 공작 —교황 알렉산데르의 아들인 체사레 보르자를 사람들은 이렇게 부르곤 했다— 이 로마냐를 점령하고 있던 때였다. 그때 추기경은 이탈리아인들은 전쟁을 이해하지 못한다고 말했고, 이에 나는 프랑스인들은 정치를 이해하지 못한다고 응수했다. 그들이 정치를 이해했다면, 교회가 그렇게 강해지도록 내버려두지 않았을 것이기 때문이다. 나중에 경험을 통해 밝혀졌듯

---

14 루이 12세가 왕위에 오른 후 루앙의 대주교 조르주 당부아즈(Georges d'Amboise)는 왕의 재상 자리에 오르고 추기경으로 승격했다.

15 18장을 볼 것.

16 이 만남은 1500년에 마키아벨리가 외교사절단으로 프랑스를 방문했을 때 이루어졌다.

이, 이탈리아에서 교회와 에스파냐가 강력해진 것은 프랑스 때문이고, 또한 프랑스가 몰락한 것도 이 두 세력 탓이었다. 이로부터 우리는 결코 또는 거의 어긋나지 않는 일반 원칙을 이끌어 낼 수 있다. 그것은 다른 사람이 강력해지도록 원인 역할을 한 사람은 몰락한다는 것이다. 새로운 권력을 세우는 데 원인 역할을 할 수 있는 것은 그가 재능이나 힘을 지니고 있기 때문인데, 그 덕에 강력해진 사람이 보기에 이 두 가지는 위협적인 요소이기 때문이다.

4장

알렉산드로스 대왕이 정복한 다리우스의 왕국에서, 알렉산드로스가 죽은 후 그 계승자들에 대한 반란이 일어나지 않은 이유

새로 획득한 국가를 유지하는 데 수반하는 어려움에 대해서 살펴보았는데, 이런 어려움을 고려할 때, 다음과 같은 사실에 놀라지 않을 수 없다. 알렉산드로스 대왕은 몇 년 만에 아시아를 정복하고, 그곳을 완전히 장악하기 전에 죽었다.[1] 그렇다면 전 지역이 반란을 일으켰을 것이라고 생각할 수 있다. 하지만 알렉산드로스 계승자들은 그곳을 계속해서 보유했고, 그들의 개인적인 야심과 그들 사이의 내분 때문에 생긴 분란을 제외하고는 어

---

1 알렉산드로스 대왕(Alexandros)의 페르시아 정복을 가리킨다. 페르시아 원정은 기원전 334년에서 시작해서 기원 327에 완전히 마무리되었다. 그리고 기원전 323년에 알렉산드로스는 세상을 떠났다.

떤 어려움도 겪지 않았다.

이 상황을 설명하기 위해, 기록이 남아 있는 모든 군주국은 다음 두 가지 상이한 방식 중 어느 한 방식으로 통치되었다는 점을 상기하는 것으로 시작하자. 하나는 군주가 가신들을 거느리고 통치하는 것인데, 이때 가신들은 군주의 은총과 허가에 의해 대신으로 임명된 사람들로, 군주가 왕국을 통치하는 것을 보좌한다. 다른 하나는 군주가 영주들과 더불어 통치하는 것인데, 이때 영주들은 군주의 은총 때문이 아니라 세습적인 특권 덕분에 그 지위를 유지하는 사람들이다. 이러한 영주들은 각각 자신만의 영토[2]와 백성을 지니고 있는데, 그 백성들은 영주를 그들의 주군으로 인정하고 자연스럽게 그에게 충성한다. 군주와 그의 가신들에 의해 통치되는 국가들에서 군주는 더 큰 권위를 지니고 있는데, 영토 전체를 통틀어 군주는 사람들이 자신들보다 상위에 있다고 인정하는 유일한 사람이기 때문이다. 만약 사람들이 다른 누군가에게 복종한다면, 그것은 그가 군주의 대신이나 관리이기 때문에 복종하는 것이지, 그에게 특별한 존경심을 지니고 있는 것은 아니다.

우리 시대에 이러한 두 가지 상이한 통치 방식을 보여주는 사례는 튀르크의 황제와 프랑스의 왕이다. 튀르크 제국 전체는 한

....

2   또는 국가.

명의 군주에 의해 통치되며, 다른 사람들은 모두 그의 신하들이다. 왕국을 산자크라고 하는 행정 구역으로 나누고, 군주는 그 각각에 행정관을 파견해 관리하는데, 그들의 이동과 교체는 군주가 마음대로 할 수 있다. 그러나 프랑스왕은 오랜 옛날부터 세습적 권리를 지녀온 다수의 영주들에 둘러싸여 있는데, 이 영주들 각각은 그들의 백성들로부터 주군으로 인정받고 존경받는다. 그리고 그들은 아무리 왕이라고 해도 위험을 각오하지 않고는 빼앗을 수 없는 고유의 특권을 지니고 있다. 그러므로 이 두 국가의 차이에 대해서 생각해본 사람이라면, 튀르크 같은 국가는 정복하기는 어렵지만, 일단 정복하고 나면 보유하기가 아주 쉽다는 것을 알게 될 것이다. 반대로 프랑스 같은 국가는 정복하기는 조금 더 쉽지만, 보유하기가 매우 어려울 것이다.

튀르크 같은 국가를 정복하기 어려운 이유는 침입자를 불러들일 만한 영주들이 없으며, 왕의 측근들이 반란을 일으킴으로써 침입 계획이 용이해지기를 기대할 수도 없다는 것이다. 이것은 앞에서 설명한 상황으로부터 자연스럽게 뒤따르는 것이다. 다시 말하면, 대신들을 포함해 모두가 국왕의 하인들이고 국왕에게 속박되어 의무를 수행해야 하는 사람들이기 때문에, 매수하기도 어렵다. 그리고 매수한다고 해도 별로 도움이 되지 않는데, 앞에서 설명했던 이유에서, 그들은 인민을 함께 데리고올 수 없기 때문이다. 그래서 튀르크 같은 국가를 공격하는 사람이라면 그들이 단결하여 그에 맞설 것이라는 점을 고려해야 하며, 따라서 적의 분열보다는 자신의 군대에 의존해야 한다. 그러나 일단 전쟁에서 승리하여 군대를 재조직할 수 없을 정도로 완전히 패주시키고 나면, 군주의 가문 말고는 걱정할 것이 전혀 없다. 군주의 가문이 제거된다면, 다른 사람들은 인민의 신망을 얻지 못하기 때문에, 두려워할 상대는 아무도 남아 있지 않게 된다. 정복자는 승리를 거두기 전에 그들의 도움에 의존하지 않았던 것과 마찬가지로, 승리를 거둔 후에는 그들을 두려워할 필요가 없다.

　프랑스처럼 통치되는 왕국에서는 이와 반대되는 일이 벌어진다. 여기에서 당신은 그 왕국의 몇몇 영주들을 당신 편으로 끌어들여 아주 쉽게 침입할 수 있다. 불만을 가진 자와 변화를 갈망하는 자가 언제나 존재하기 때문이다. 앞에서 설명했던 이유에서, 이런 사람들은 당신이 그 나라로 들어갈 길을 열어주어 쉽게 승리하도록 도울 수 있다. 그러나 이후 당신이 획득한 것을 보유하고자 할 때는, 당신을 도와준 사람들과 당신이 진압한 사람들 양쪽으로부터 무수히 많은 어려움에 직면할 것이다. 군주의 가문을 절멸시키는 것으로는 충분하지 않을 것인데, 새로운 반란을 지도할 준비가 되어 있는 영주들이 남아 있기 때문이다. 당신은 그들을 만족시킬 수도 파멸시킬 수도 없기 때문에, 그들에게 기회가 가기만 하면 당신은 그 국가를 잃게 될 것이다.

이제 다리우스[3]가 다스리던 국가의 통치 방식으로 돌아가보면, 튀르크 왕국과 유사하다는 것을 발견하게 될 것이다. 그러므로 알렉산드로스에게 필요한 것은 우선 전쟁터에서 다리우스를 완전히 패배시키고 나서 그의 영토를 장악하는 것이었다. 이 일을 수행한 후, 그리고 다리우스가 살해되자, 앞에서 밝힌 이유로 인해, 알렉산드로스는 그 국가를 안전하게 통제할 수 있었다. 그리고 알렉산드로스 계승자들도 단결을 유지했더라면, 안전하고 수월하게 그 지역을 운영할 수 있었을 것이다. 그들 사이의 내분 때문에 일어난 것 말고는 그 왕국에서는 어떠한 소란도 일어나지 않았기 때문이다. 그러나 프랑스와 같은 방식으로 조직된 국가들을 그렇게 평온하게 유지하는 것은 불가능하다. 에스파냐, 프랑스, 그리스 지역에서 로마인들에 대한 반란이 빈번하게 일어났던 이유가 여기에 있는데, 이 영토들 각각에는 수많은 군주국들이 있었기 때문이다. 옛 군주국에 대한 기억이 지속되는 한,[4] 로마인들의 영토 소유는 언제나 불안전할 수밖에 없었다. 그러나 제국의 세력이 강해지고 지배가 길어지면서 기억이 소멸되자, 로마인들의 영토 소유는 안전해졌다. 그리고 나중에 로마인들이 자기들끼리 싸우기 시작했을 때, 그 싸움의 지도자

---

3 다리우스 3세(Darius Ⅲ)로 페르시아 제국 아케메네스 왕조 마지막 왕이다.
4 옛 군주에 대한 충성심이 남아 있다는 뜻.

들 각각은 자신이 관리하는 지역에서 획득한 권위를 통해, 그곳을 자신의 편으로 확보할 수 있었다.[5] 이는 예전 군주의 가문이 절멸되어, 사람들이 인정할 수 있는 권위는 로마인들의 권위밖에 없었기 때문이다.

　이 모든 것을 고려한다면, 알렉산드로스가 아시아 제국을 아주 쉽게 보유한 것이나, 피로스의 경우처럼 다른 여러 사람들이 그들이 정복한 영토를 유지하는 데 많은 어려움을 겪을 것을 보고 놀랄 일은 없을 것이다. 이것은 정복자의 능력*virtù*이 많거나 적음 때문이 아니라, 정복한 국가의 특성 차이에서 비롯한 것이다.

5　로마 공화정 말기의 내전 상황을 이야기하는 것이다.

5장

병합되기 전에 자기 고유의 법에 따라
살고 있었던 도시나 군주국을 통치하는 방법

앞에서 이야기한 것처럼,[1] 획득한 국가들이 자신만의 고유한 법에 따라 자유롭게 사는 데 익숙하다면, 그러한 국가들을 계속해서 장악하는 데는 세 가지 방법이 있다. 첫 번째는 그들을 완전히 파괴하는 것이고, 두 번째는 몸소 그곳에 가서 거주하는 것이고, 세 번째는 그들을 계속해서 고유의 법에 따라 살도록 내버려두고, 조세를 바치게 하면서, 당신에게 우호적으로 국가를 유지할 소수의 지역 주민들로 소규모 통치 집단[2]을 구성하는 것이다.

....

1 1장을 볼 것.

2 한자어로 과두제라고 한다.

이러한 통치 집단은 정복 군주에 의해 구성되었기 때문에, 그 구성원들은 그 군주의 호의와 지원 없이는 존속할 수 없음을 알고 있으며, 그래서 군주의 권위를 유지하기 위해서 최선을 다할 것이다. 따라서 자유에 익숙한 도시를 계속해서 보유하고자 한다면, 그곳 시민들을 이용하는 편이 다른 어떤 방법보다도 훨씬 수월할 것이다.

스파르타와 로마를 보기로 들어보자. 스파르타인들은 아테네와 테베를 각각 소수의 지역 주민들에 의해 운영되는 정부를 설립해 유지했지만, 그럼에도 이 도시들을 잃고 말았다.[3] 로마인들은 카푸아, 카르타고, 누만티아를 계속 보유하기 위해, 그것들을[4] 파괴했고, 그래서 잃지 않았다. 로마인들은 그리스를 계속 보유하기 위하여 스파르타인들이 했던 것과 아주 비슷하게, 그들에게 자치를 허용하고 자기 고유의 법에 따라 살도록 내버려두었으나, 이것은 성공하지 못했다. 그래서 그들은 그 지역 전체를 지키기 위하여 여러 도시들을 파괴하지 않으면 안 되었다.

사실 그러한 곳을 계속 보유하기 위해서는 파괴보다 더 안전한 방법은 없기 때문이다. 자유에 익숙한 도시를 정복하고 나서

---

3   기원전 404년 펠로폰네소스 전쟁에서 승리한 스파르타는 아테네에 '30인 참주'라고 불리는 과두정을 수립했으나 기원전 403년에 무너졌다. 테베에서는 기원전 382년에 세운 과두정이 기원전 379년에 전복되었다.

4   그 국가(도시)들은.

그곳을 파괴하지 않는다면, 오히려 그 도시에 의해 자신이 파멸당할 수도 있다. 반란을 일으킬 때, 그 도시 사람들은 항상 자유의 이름과 오랜 전통을 지닌 고유의 제도를 반란의 대의로 삼을 것이기 때문이다. 점령당하고 나서 얼마나 오랜 시간이 흘렀는지 또는 그 점령으로 얼마나 이익을 보았는지에 상관없이, 이것들은 결코 잊히지 않는다. 당신이 무엇을 하든, 어떠한 조치를 취하든, 그 주민들을 분열시켜 찢어놓지 않는다면, 그들은 결코 자유의 이름과 전통의 방식을 잊지 않을 것이며, 기회가 나기만 하면 이런 대의를 위해 들고 일어날 것이다. 피사인들이 피렌체인들에 종속된 지 100년이 지난 후에 바로 이렇게 했던 것이다.[5]

그러나 어떤 도시나 지역이 군주 밑에서 생활하는 데 익숙하고 그 군주의 가문이 절멸된 경우에는, 그 주민들은 복종하는 데 익숙한데 추종할 사람이 없기 때문에, 자기들 사이에서 한 사람을 새로운 군주로 추대하는 것에 합의를 이루지도 못할 것이고 또한 군주 없이 자유롭게 사는 법도 모를 것이다. 이런 이유로 그들은 무기를 드는 것이 매우 느릴 것이므로, 정복 군주가 아주 쉽게 그들을 자기편으로 끌어들여 그들의 지지를 확보할 수 있다. 그러나 공화국의 경우에는 더욱 활력이 넘치고, 증오도 더

---

5 피사는 1406년에는 피렌체에 완전히 종속되었으나, 1494년 프랑스가 이탈리아를 침입한 틈을 타서 일시적이지만 독립을 얻었다. 그리고 1509년에 피렌체에 다시 정복당했다.

크고, 복수에 대한 열망도 강하다. 이 때문에 공화국에서는 옛 자유의 기억이 결코 잊히지 않을 것이다. 따라서 가장 안전한 방법은 그곳을 파괴하거나 그것에 가서 거주하는 것이다.

6장

자신의 군대와 능력*virtù*으로 획득한 신생 군주국

이제 군주와 국가 모두가 전적으로 새로운 군주국을 다루려고 하는데, 이 논의에서 내가 최상의 군주와 국가를 사례로 제시한다고 해서 놀랄 필요는 없을 것이다. 사람들은 거의 언제나 다른 사람들이 다져놓은 길을 걸으며, 그들의 행위를 모방하면서 나아가지만, 그렇게 다져진 길을 한결같이 계속 따라가는 것도 불가능하고, 모방의 대상이 되는 사람들의 역량*virtù*에 도달하는 것도 가능하지 않다. 그렇지만 분별력 있는 사람은 언제나 위대한 인물들이 다져놓은 길을 따르고, 지금껏 가장 탁월했던 사람들을 모방하는 것에서 시작해야 한다. 그렇게 해야만, 그의 역량이 위대한 인물들에 미치지 못하더라도, 적어도 그 향취라도 얻게 될 것이다. 이것은 목표물이 너무 멀리 떨어져 있다는 것을 감지했을 때 영리한 궁수가 그 목표물을 겨냥하는 방식과 마찬가지다. 그는 활의 힘*virtù*이 어디까지 미치는지를 알고 있기 때문에, 목표물보다 훨씬 높은 곳을 겨냥한다. 이렇게 하는 것은 화살을 그 높이에 도달하게 하려는 것이 아니라 그렇게 높이 겨냥해야만 그 덕분으로 목표물을 맞힐 수 있기 때문이다.

따라서 나는 이렇게 말하겠다. 새로운 군주가 국가를 장악한 완전히 새로운 군주국에서, 그 신생 군주가 국가를 계속 유지하는 데 어느 정도의 어려움이 따르는가 하는 것은 그 군주가 지닌 역량의 정도에 달렸다. 다시 말하면, 신생 군주의 역량이 크면 어려움은 줄어든다. 그런데 개인이 군주가 되는 일은 역량이나 행운*fortuna* 중 어느 하나가 전제되어야만 가능하기 때문에, 분명이 두 요소 중 어느 하나가 수많은 어려움 중 일부를 덜어줄 것으로 보인다. 그렇지만 행운에 의존하는 정도가 적은 사람이 자신을 더 잘 보존한다. 그리고 또 한 가지 도움이 되는 요소는 그가 아직 다른 국가를 가지고 있지 않기 때문에 어쩔 수 없이 몸소 새로운 국가에 거주하는 것이다.

이제 행운이 아니라 자신의 역량으로 군주가 된 사람들로 관심을 돌리면, 모세, 키루스, 로물로스, 테세우스 같은 인물들이 가장 훌륭한 사례라고 할 수 있다. 모세의 경우, 신이 그에게 명령한 것을 수행한 것에 지나지 않으므로 거론하지 않아야 할지 모르지만, 그럼에도 그를 신과 대화할 만한 존재로 만들어준 그 자질*grazia*[1]만으로도 칭송받아 마땅하다. 그렇다면 왕국을 획득하거나 창건한 키루스를 비롯한 다른 인물들을 보자. 우리는 그들이 모두 칭송할 만하다는 것을 알게 될 것이며, 각각의 인물이 취한 행동과 그들이 확립한 제도들을 조사해보면, 위대한 스승의 지도를 따라 모세가 행한 것보다 못하지 않다는 것을 알게 될 것이다. 그리고 그들의 업적과 삶을 분석해보면, 처음에 기회를 얻은 것 말고는 그들이 운으로부터 혜택을 본 어떤 것을 찾아볼 수 없다. 운은 그들에게 재료를 가져다주고 그들이 원하는 대로 만들 기회를 준 것이다. 그러한 기회가 없었다면 그들의 정신의 능력*virtù*은 써보지도 못하고 소실되고 말았을 것이며, 그 능력이 없었다면 기회는 헛된 것이 되고 말았을 것이다.

그러므로 이스라엘인들이 예속 상태에서 벗어나기 위해 기꺼이 모세를 따르는 일이 일어나기 위해서는, 모세가 이집트에서 이집트인들에 의해 노예로 전락해 억압받고 있는 이스라엘인들을 발견하는 것이 필요했다. 로물루스가 로마의 왕이자 그 나라의 건국자가 되기 위해서는, 태어나자마자 버려져 알바를 떠나야 하는 일이 일어나야만 했다. 메디아인들의 통치에 불만을 품

---

1 보통 '은총'이라고 번역하지만, 신이 그에게 부여한 '자질'로 번역하는 것이 문맥에 맞다.

은 페르시아인들과 오랜 기간의 평화로 인해 온순하고 나약해진 메디아인들을 발견하지 못했다면, 키루스는 그의 업적을 이루지 못했을 것이다. 그리고 테세우스는 아테네인들이 분열되어 흩어져 있지 않았다면, 그의 능력을 보여줄 수 없었을 것이다. 그러므로 이러한 기회가 이 인물들을 성공하게 해주었다면, 그들의 위대한 능력은 그들 각자로 하여금 이 기회를 포착해 자기 나라의 영광과 번영을 이룰 수 있게 만들었다.

이들처럼 자신의 능력을 통해 군주가 된 인물들은 온갖 어려움을 겪으며 국가를 획득하지만, 아주 쉽게 그것을 유지한다. 군주국을 획득하는 과정에서 겪는 어려움은, 부분적으로 정부를 수립하고 안전을 확립하기 위해 도입해야만 하는 새로운 제도와 방식에서 비롯한다. 여기서 우리가 염두에 두어야 하는 것은, 선두에서 새로운 제도를 도입하는 일보다 수행하기 어렵고 성공이 불확실하며 관리하는 데 위험이 따르는 것은 아무것도 없다는 점이다. 새로운 체제를 도입하는 사람은 구체제에서 잘 살던 모든 사람들을 적으로 만들지만, 새로운 체제에서 형편이 나아질 모든 사람들 중에서는 미온적인 지지자만 얻을 수 있기 때문이다. 이러한 냉담함은 부분적으로는 적들에 대한 두려움에서 나오는데, 그 적들은 아직도 자기들에게 유리한 법을 가지고 있기 때문이다. 또 부분적으로는 사람들의 회의적인 속성에서 나오는데, 새로운 것에 대하여 확고한 경험을 하기 전까지는 아무도 그것을 진정으로 믿지 않기 때문이다. 따라서 적대적인 사람들이 공격의 기회를 잡았을 때는 아주 열정적으로 공격하지만, 그 지지자들은 미온적이어서 그들과 더불어 군주도 위험에 처하게 된다.

그러므로 이 문제를 철저하게 논의하기 위해서는, 이러한 혁신자들이 홀로 설 수 있는지 아니면 다른 사람들에게 의존해야 하는지를 알아볼 필요가 있다. 다시 말해, 그들이 기획을 완수하기 위해서 도움을 간청해야 하는지 아니면 강제력을 사용할 수 있는지를 알아볼 필요가 있다. 도움을 필요로 하는 경우에, 그들은 언제나 좋은 결과를 맺지 못하고 아무것도 달성하지 못하고 만다. 그러나 자신이 가진 것에만 의존하고 강제력을 행사할 수 있는 사람은 위험에 처하는 일이 거의 없다. 그래서 무장한 예언자는 모두 승리했으나 무장하지 않은 예언자는 멸망했던 것이다. 이미 언급한 이유 말고도, 인민의 정서는 변하기 쉬워서 그들을 설득하기는 쉬우나 설득된 상태를 계속 유지하기는 어렵다는 점도 있다. 따라서 그들이 더는 믿지 않을 때는 힘을 사용해서라도 믿게 만들 수 있어야 한다.

모세, 키루스, 테세우스, 로물루스가 군대를 가지고 있지 않았다면, 사람들로 하여금 그들의 정치 질서를 오랫동안 준수하도록 만들지 못했을 것이다. 우리 시대에 지롤라모 사보나롤라 수사에게 일어났던 일이 바로 이런 것이다. 대중이 더는 그를 믿지 않게 되면서 그는 자신이 만든 새로운 질서와 더불어 몰락하고 말았다. 그는 자신을 믿는 사람들을 확고하게 붙잡아두거나 불신자들을 믿게 만들 수단을 전혀 갖고 있지 않았던 것이다. 그러므로 이와 같이 혁신을 수행하는 인물들은 그들의 기획을 수행하면서 엄청난 어려움에 직면하지만, 그들의 능력으로 그것을 극복해야만 한다. 하지만 일단 그들이 위험을 극복하고 성취를 시기하는 자들을 제거하고 나면 존경받기 시작할 것이며, 그 후에는 계속해서 강력하고 안전하며 명예롭고 행복한 상태를 이어갈 것이다.

지금까지는 아주 특출한 인물들을 사례로 들었지만, 그들보다 특출하지는 않은 인물을 하나 덧붙이고 싶다. 그렇지만 이 사례는 앞에서 살핀 사례들과 어느 정도 유사성이 있는데, 나는 이것이 비슷한 특성을 지니는 다른 모든 사례들을 대표하는 것이길 바란다. 이번 사례는 시라쿠사의 히에론이다.[2] 이 사람은 사적인 개인에서 시라쿠사의 군주 자리에 올랐다. 다른 인물들처럼 그도 기회를 얻는 것 말고는 운*fortuna*으로부터 어떤 혜택도 받지 않았다. 군사적 위협으로 억압받고 있던 시기에, 시라쿠사 사람들은 그를 자신들의 지휘관으로 선출했고, 그는 그 자리에서

----

2   히에론 2세(Hiero Ⅱ). 기원전 276년경에 군사령관으로 임명되었다가 기원전 270년경에 시라쿠사의 참주(왕)가 되었다.

큰 성과를 냄으로써 군주로 추대되었다. 그는 사적인 개인으로서도 훌륭한 능력을 보여주어서, 누군가 그에 대해 "그가 왕이 되기에 부족한 것은 왕국 말고는 없었다"고 말할 정도였다. 히에론은 옛 군대를 해체하고 새로운 군대를 조직했으며, 옛 동맹을 포기하고 새로운 동맹을 맺었다.[3] 그리하여 자신의 군사와 동맹을 가지게 되었고, 그것을 토대로 하여 그는 어떠한 건물도 지을 수 있었다. 따라서 그는 획득하는 데는 엄청난 고난을 겪었지만, 유지하는 데는 별 어려움을 겪지 않았다.

3 1차 포에니 전쟁(기원전 264~241)에서 처음에는 카르타고와 동맹을 맺어 로마와 싸웠으나, 기원전 263년에 로마에 패배한 후 로마와 강화조약을 체결했다.

7장

다른 사람의 군대와 운으로 얻은 신생 군주국

단지 행운*fortuna*으로 사적인 개인에서 군주가 된 사람들은 그 자리에 오르는 데에는 어려움 거의 겪지 않지만, 그것을 유지하고자 할 때는 많은 어려움을 겪는다. 그들은 그곳으로 단번에 날아올랐기 때문에 오르는 도중에 겪는 어려움은 없지만, 정상에 도달하자마자 온갖 어려움에 직면한다. 어떤 국가를 돈으로 사거나 누군가의 호의로 얻은 사람들이 이에 해당한다. 호의로 국가를 얻는 일은 그리스에서, 다시 말해 이오니아와 헬레스폰토스의 여러 도시에서 발생했다. 그 도시의 군주들은 다리우스[1]에 의

---

1   다리우스 1세(Darius I).

해 그 지위에 올랐는데, 이는 다리우스가 자신의 안전과 영광을 위해 그 도시들을 유지할 사람들에게 군주 자리를 준 것이다. 또한 돈으로 국가를 얻은 것은, 병사들을 매수해 사적인 개인에서 황제가 된 사람들을 사례로 들 수 있다.[2]

이런 사람들은 그들을 군주의 자리에 오르게 해준 사람의 선의와 운*fortuna*에 전적으로 의존하는데, 이 두 가지 모두 변하기 쉽고 불안정한 것이다. 그들은 그 자리를 보존할 방법을 알지 못하며, 안다고 해도 그것을 유지할 수 없다. 그들이 그것을 모르는 이유는, 주목할 만한 재능이나 역량*virtù*을 지닌 사람들이 아닌 한, 언제나 사적인 개인으로 살아온 사람이 명령하는 방법을 알 거라는 기대를 하기 어렵다는 점이다. 그리고 그들이 그 지위를 유지할 수 없는 이유는, 우호적이고 충성스러운 군대를 거느리고 있지 않다는 것에 있다. 갑자기 출현해 급속하게 성장한 자연의 모든 것들이 그러하듯, 예기치 않게 출현한 국가들은 뿌리와 가지를 지니지 못하기 때문에 첫 번째 폭풍에 전복되고 말 것이다. 이미 이야기했듯이, 예기치 않게 군주가 된 사람이 운이 그에게 던져준 것을 확실하게 지키기 위해 즉각적으로 준비해야 할 사항들을 알 수 있을 정도로 많은 역량을 지닌 자가 아니라면, 그리고 다른 사람들은 군주가 되기 전에 닦아놓는 토대를

---

2 19장에서 다룬다.

그는 군주가 된 후에 닦아야 한다는 것을 알 수 있을 정도로 많은 역량을 지닌 자가 아니라면, 그렇게 쓰러지고 말 것이다.

나는 군주가 되는 이 두 가지 방법, 즉 역량에 의한 방법과 운에 의한 방법에 대해 우리 기억 속에 있는 두 가지 사례를 제시하고 싶다. 프란체스코 스포르차와 체사레 보르자가 내가 준비한 사례다. 프란체스코는 적절한 수단과 위대한 능력*virtù*을 통해 사적인 개인에서 밀라노의 공작이 되었으며, 수많은 고통을 겪으며 획득한 것을 특별한 곤란 없이 유지했다. 반면에, 대중들이 발렌티노 공작이라고 부르는 체사레 보르자는 아버지의 운으로 국가를 획득했으며, 아버지의 운으로 그것을 잃고 말았다.[3] 그는 다른 사람의 군대와 운이 그에게 부여한 국가에서 확고하게 뿌리를 내리기 위해 현명하고 역량 있는*virtuoso* 사람이 했을 법한 모든 일을 하고 가능한 모든 수단을 동원했음에도, 그것을 잃고 말았던 것이다.

앞에서 말했듯이, 권력을 획득하기 전에 먼저 자신의 토대를 쌓지 않은 사람이라도 위대한 능력을 지니고 있다면 나중에라도 토대를 쌓을 수 있겠지만, 그렇다고 해도 그것은 그 건축가에는 힘든 일이며 그 건축물에는 위험한 일일 것이다. 그러므로 발

---

3   아버지인 교황 알렉산데르 6세의 권세로 영토를 얻었지만, 아버지가 죽은 후 그것을 상실했다.

렌티노 공작이 취한 모든 조치를 주의 깊게 살펴보면, 그가 미래의 권력을 위해 그 이전에 미리 튼튼한 토대를 쌓았다는 사실을 알 게 될 것이다. 나는 이 문제를 논의하는 것이 시간 낭비라고 생각하지 않는데, 그의 행적을 본보기로 삼으라고 하는 것보다 신생 군주에게 줄 수 있는 더 나은 교훈을 알지 못하기 때문이다. 그의 노력은 결국 실패로 끝났지만, 그것은 그의 잘못이 아니라 보기 드물게 너무나 악의적인 운 때문이었다.

알렉산데르 6세는 아들인 발렌티노 공작의 권력을 강화시키고 싶었지만, 지금 당장의 어려움뿐 아니라 그를 기다리는 수많은 장애물들이 있었다. 맨 먼저, 그는 아들을 교회령의 일부가 아닌 어떤 국가의 지배자로 만들 수 있는 방법을 찾을 수 없었다. 그렇다고 해서 교회에 속하는 국가 일부를 취하려고 한다면, 밀라노 공작과 베네치아인들이 동의하지 않을 것을 알고 있었다. 왜냐하면 파엔차와 리미니는 이미 베네치아인들의 보호 아래에 있었기 때문이다.[4] 게다가 그는 이탈리아에서 운영되는 군대, 특히 그에게 도움을 줄 수도 있는 군대가, 교황이 강력해지

_____

4 15세기 말 교황령에는 이탈리아 중서부 지역의 벨레트리(Velletri), 로마(Rome), 오스티아(Ostia), 비테르보(Viterbo), 오르비에토(Orvieto), 페루자(Perugia), 우르비노(Urbino)가 포함되어 있었고, 중동부 지역의 로마냐(Romagna)와 마르케(Marche)에서는 안코나(Ancona), 세니갈리아(Senigallia), 파노(Fano), 페사로(Pesaro), 리미니(Rimini), 체세나(Cesena), 포를리(Forli), 파엔차(Faenza), 이몰라(Imola)가 포함되어 있었다. 서북부 지역에서는 볼로냐(Bologna)와 페라라(Ferrara)가 포함되어 있었다. 실제로 이들 도시 대부분은 교황으로부터 거의 독립적이었다.

는 것을 두려워할 이유가 있는 사람들, 그래서 믿을 수 없는 사람들, 즉 오르시니 가문과 콜론나 가문 그리고 그들의 추종자들의 수중에 있다는 사실도 알고 있었다. 따라서 그가 해야 할 일은 이러한 상황을 뒤엎고 이들 국가들에 혼란을 야기해, 그 국가들의 일부를 안전하게 장악하는 것이었다. 그에게 이것은 쉬운 일이었는데, 베네치아인들이 다른 이유로 프랑스 군대를 이탈리아로 다시 불러들이려고 한다는 것을 알았기 때문이다. 그는 이에 반대하지도 않았을 뿐 아니라 루이왕의 예전 결혼을 취소시켜 줌으로써 그것을 더욱 용이하게 만들었다.

그리하여 프랑스왕은 베네치아인들의 도움과 알렉산데르의 동의를 얻어 이탈리아로 들어왔다. 프랑스왕이 밀라노를 취하자마자 교황은 로마냐를 공격하는 데 필요한 병사들을 왕으로부터 얻었는데, 로마냐는 루이왕의 명성 때문에 교황에게 굴복했다. 그리하여 발렌티노 공작은 로마냐를 획득하고 콜론나 가문을 쳐부순 다음, 그곳을 계속 보유하면서 더 많은 영토를 취하려고 했지만, 두 가지가 그것을 방해했다. 그중 하나는 자신의 군대가 그에게 충성스러운 것 같지 않다는 것이었고, 다른 하나는 프랑스의 의지였다. 다시 말하면, 그는 그때까지 오르시니 가문의 군대를 이용해왔는데, 그 군대가 자신의 명령에 복종하지 않을 수도 있으며, 그래서 더 많은 영토를 취하는 것을 방해할 뿐 아니라 지금까지 획득한 것까지도 빼앗아갈지도 모르며,

프랑스왕도 똑같은 일을 벌일지 모른다는 것이었다. 파엔차를 점령한 후 볼로냐를 공격할 때, 오르시니 가문의 병사들이 마지못해 공격을 수행하는 것을 보고, 공작은 그들에 대한 의심을 굳혔다. 그리고 프랑스왕의 의중을 알게 된 것은, 공작이 우르비노 공국을 점령한 후 토스카나를 공격할 때였는데, 당시 프랑스왕은 공격을 중지할 것을 요구했다. 그래서 공작은 다른 사람들의 군대와 그들의 운에 더는 의존하지 않기로 결심했다.

그래서 그가 맨 먼저 한 일은 로마의 오르시니파와 콜론나파를 약화시키는 것이었다. 그는 그 파당들을 지지했던 신사들을 자기편으로 끌어들여서, 자신의 신사로 만들고,[5] 후한 보수를 주고, 각자의 지위에 맞는[6] 군 지휘권과 정부 관직을 수여했다. 그러자 몇 달 만에 옛 파당에 대한 그들의 애착은 완전히 사라지고 모두가 공작의 편으로 돌아섰다. 이렇게 해서 콜론나 가문의 지도부를 해체시키고 나서, 그는 오르시니 가문의 지도자들을 분

---

5 신사는 어떤 종류의 지위(rank)나 작위(title)를 지니고 있는 사람들이다. 부유한 상층 계급이지만, 봉건귀족과는 다르다. 귀족은 세습적 작위를 지닌 부유한 토지 소유 계급이며, 그 자신이 전사로서 자신의 사병들을 거느리고 있었다. 하지만 신사는 당대의 군주로부터 작위를 부여받았고, 전사도 아니었다. 따라서 이들은 군주에게 귀족만큼 위험한 존재는 아니었다. 여기서 '자신의 신사들로 만든다'는 말은 그들에게 특정한 지위와 작위를 준다는 뜻이다.

6 대부분의 영어본에는 '지위(rank)에 따라' 또는 '지위에 적합한'으로 되어 있으나, 어떤 영어본에는 "according to their qualities"로 되어 있는데, 이것을 그대로 번역하면 '자질에 따라'이다. 이탈리아 원문은 "secondo le qualità"이다.

쇄할 기회가 오기를 기다렸다. 얼마 지나지 않아 기회가 찾아왔고 그는 그것을 적절히 이용했다. 뒤늦게 오르시니 가문은 공작과 교회의 세력이 강해지면 자신들은 파멸하고 말 것이라는 사실을 깨달았다. 그래서 페루자 근처의 마조네에서 회합을 마련했다. 이로부터 우르비노에서 반란이 일어나고, 로마냐에서는 소요가 발생하는 등 공작에게 수없이 많은 위험이 들이닥쳤다. 그러나 그는 프랑스 군대의 도움으로 이 모든 것을 극복했다.

이렇게 자신의 위신을 회복한 후, 공작은 프랑스 군대나 다른 어떤 외부의 군대도 믿지 않았지만, 그들의 충성심을 공공연하게 시험할 수는 없었으므로 계략을 사용하기로 결정했다. 그가 자신의 의도를 너무나 완벽하게 감추어서 오르시니 가문은 파올로 오르시니를 보내 그와 화해하고자 했다. 공작은 파올로에게 돈과 옷과 말을 선물로 제공하는 등 온갖 대접을 다해 그를 안심시켰다. 오르시니 가문은 너무나 순진해 공작의 초대에 응해 세니갈리아로 갔는데, 그곳에서 고스란히 공작의 수중에 들어가고 말았다. 공작은 가문의 지도자들을 제거하고 추종자들을 친구로 만듦으로써, 자신의 권력을 위한 아주 튼튼한 토대를 마련했다. 이제 그는 로마냐 전 지역과 우르비노 공국을 장악한 것이다. 게다가 공작의 통치 아래에서 그 지역 사람들이 번영을 누리기 시작하면서, 그는 이들의 지원도 얻게 되었다.

이 점은 주목할 가치가 있으며 다른 사람들이 본받을 만하기 때문에, 언급하지 않고 넘어갈 수 없다. 공작은 로마냐를 정복하자마자 그곳이 무능한 지배자들에 의해 통치되었다는 사실을 알게 되었다. 예전 지배자들은 백성들을 다스리기보다는 그들의 재산을 빼앗고, 그들을 통합시키기보다는 분열의 빌미를 제공했다. 그 결과 도둑질과 싸움, 온갖 종류의 불법 행위가 만연했다. 공작은 그 지역에서 평화를 회복하고 사람들을 권위에 복종하게 만들기 위해서, 훌륭한 통치 체제를 확립할 필요가 있다고 생각했다. 그래서 잔인하면서도 기민한 인물인 레미로 데 오르코에게 전권을 주고 그곳으로 파견했다. 얼마 지나지 않아 이 인물은 그 지역에서 평화와 통합을 회복시켰고, 그 과정에서 상당한 명성을 얻었다. 이후 공작은 지나치게 엄격한 권력은 자신에 대한 대중들의 증오심을 유발할 수 있기 때문에 바람직하지 않다고 생각하게 되었다. 그래서 그는 그 지역의 중심부에 시민법정을 설치해 가장 뛰어난 사람을 재판장으로 삼고 모든 도시가 그곳에 대표를 보내도록 만들었다. 그리고 그는 최근의 가혹한 조치들이 자신에 대한 증오심을 유발했다는 사실을 인식했기 때문에, 인민의 마음속에서 자신에 대한 증오를 완전히 지우고 그들을 자기편으로 끌어오기 위해서, 과거에 잔혹한 행위가 자행되었다고 하면 그것은 자신의 탓이 아니라 그의 신하가 잔인한 본성을 지닌 탓임을 보여주고자 했다. 그래서 적당한 구실을 찾아 데 오르코를 체포해, 어느 날 아침 그를 참수한 뒤 나무

형틀, 피 묻은 칼과 함께 체세나 광장에 전시했다. 이 야만적인 광경에 사람들은 만족스러워 하면서 동시에 경악했다.

이제 출발점으로 돌아가보자. 공작은 나름대로 무장을 갖추고, 자신에게 위해를 가할 수 있을 만큼 가까이에 있는 다른 군대들을 물리쳤기 때문에, 이제 자신이 상당히 강력해졌으며 눈앞의 위험으로부터 어느 정도 안전해졌음을 깨달았다. 그런데 이 시점에서 정복을 계속해 나가길 원한다면, 다음으로 고려해야 할 대상은 프랑스왕이라는 사실을 발견했다. 뒤늦게 자신의 실수를 깨달은 프랑스왕이 더는 정복 사업을 용인하지 않을 것임을 알았기 때문이다. 이런 이유로 그는 새로운 동맹을 구하기 시작했고, 그래서 나폴리 왕국 북부에 있는 가에타를 포위한 에스파냐 군대와 싸우기 위해 프랑스가 군사 원정을 감행할 때 프랑스를 지원하는 데에 미온적이었다. 그의 의도는 프랑스인들로부터 자신의 안전을 지키는 것이었다. 교황 알렉산데르가 죽지 않았다면, 공작은 아주 빠른 시간 안에 이 일을 이루어냈을 것이다.

이것이 그가 당면한 사태에 대처하는 방식이었다. 그러나 장래의 문제에 관한 한, 그는 무엇보다 교회의 새로운 계승자가 자신에게 적대적이지는 않을까 그리고 알렉산데르가 자신에게 준 것을 빼앗으려 하지 않을까 걱정하지 않을 수 없었다. 그래서 그는 이에 대비해 네 가지 방책을 생각했다. 첫째, 지금까지 자신이 약탈한 영주들의 일족을 멸해 새로운 교황이 그들을 복위시키겠다는 구실을 내세우지 못하게 하는 것. 둘째, 이미 보았듯이, 로마의 모든 신사들을 자기편으로 만들어, 그들의 도움을 받아 교황을 견제하는 것. 셋째, 추기경단을 가능한 더 많이 자기편으로 만드는 것이었다. 그리고 네 번째는 알렉산데르 교황이 죽기 전에 가능한 한 많은 영토를 획득해, 자신의 자원만으로 새로운 교황의 첫 번째 공격을 막아낼 준비를 갖추는 것이었다. 알렉산데르가 죽었을 때 그는 네 가지 중에서 세 가지를 이미 완수했고, 네 번째도 완수하기 직전이었다. 그는 그에게 영토를 빼앗긴 영주들 중에서 붙잡을 수 있는 사람은 다 죽였기 때문에, 화를 면한 사람은 거의 없었다. 또한 로마의 신사들을 자기편으로 끌어들였으며, 추기경단 대다수에게도 영향력을 행사하고 있었다. 새로운 영토 획득에 관해서는, 토스카나의 지배자가 될 계획을 세웠는데 그는 이미 페루자와 피옴비노를 장악했고, 피사를 그의 보호 아래 두었다. 더는 프랑스를 걱정할 필요가 없어지기만 한다면(나폴리 왕국을 에스파냐인들에게 빼앗긴 프랑스인들은 그의 지원을 얻어야 했고, 이에 관해서는 에스파냐인들도 마찬가지였다), 그는 바로 피사를 급습할 것이었다. 그렇게 되면, 일부는 피렌체인들에 대한 두려움 때문에 그리고 일부는 그들에 대한 적개심 때문에 루카와 시에나는 바로 항복할 것이었다. 그리고 피렌체인들은 그를 저지할 대책을 전혀 가지고 있지 못했을 것이다. 보르자가 이 모든 것을 해냈다면(알렉산데르가 죽은 해에 거의 완료되고 있었다), 그는 스스로 설 수 있을 만큼 막대한 권력과 명성을 획득할 수 있었을 것이며, 그래서 더는 다른 사람들의 운*fortuna*과 군대에 의존하지 않고, 자신의 군대와 능력*virtù*에만 의존할 수 있었을 것이다.

하지만 알렉산데르는 그의 아들이 처음 칼을 뽑아든 지 5년 만에 죽고 말았다. 그 시점에 공작은 로마냐만 확고하게 장악하고 있었고, 나머지는 아직 불확실한 상태에 있었다. 그리고 가장 강력하고 적대적인 두 개의 군대 사이에 갇혀 있었으며, 죽음에 이를 질병을 앓고 있었다. 그러나 공작에게는 엄청난 대담함과 재능*virtù*이 있었고, 사람들을 자기편으로 끌어들여야 하는지 아니면 파멸시켜야 하는지를 잘 알고 있었으며, 짧은 시간에 아주 확고한 토대를 쌓았기 때문에, 만일 배후에 그런 강력한 군대들이 없었거나 건강했더라면, 그 모든 어려움을 극복했을 것이다. 그가 쌓은 토대가 단단했다는 것은 분명하다. 이것은 로마냐 사람들이 한 달 이상 충성스럽게 그를 기다렸다는 사실을 통해 알 수 있다. 그리고 로마에서 그는 거의 반생반사의 상태에 있었지만, 여전히 안전했고, 발리오니 가문, 비텔리 가문, 오르시니 가문의 사람들이 로마에 왔지만, 그들을 따라 그에게 적대하는 사람은 아무도 없었다. 그가 자신이 원하는 인물을 교황으로 세울 수는 없었을지라도, 적어도 자신이 원하지 않는 사람이 교황으로 선출되는 것을 막을 수는 있었다. 그래서 알렉산데르가 죽었을 때 그가 건강하기만 했더라면, 모든 일이 순조로웠을 것이다. 율리오 2세가 교황으로 선출되던 날, 그가 내게 한 말에 따르면,[7] 그는 자신의 아버지가 돌아가시고 나면 일어날지도 모르는 모든 일에 대해 생각해보고 그 모든 것에 대한 해결책을 마련해두었는데, 아버지가 돌아가시자 자신도 죽음의 문턱에 서 있게 되는 사태가 일어날 줄은 상상도 하지 못했던 것이다.

공작이 행한 모든 행위를 이렇게 요약하면서, 나는 비판할 것을 전혀 찾아내지 못했다. 오히려 그는, 이미 이야기했듯이, 다른 사람들의 운이나 다른 사람들의 군대를 통해 권력을 장악한 모든 사람들에게 본보기가 될 만한 인물로 보인다. 왜냐하면 그가 지닌 강인한 정신력과 드높은 야망으로 인해 그는 결코 다른 식으로 행동할 수 없었으며, 그의 계획이 좌절된 것은 단지 알렉산데르의 생애가 짧았으며 그 자신이 병을 앓고 있었기 때문이다. 그래서 새로운 군주국에서 자신의 안전을 지키고, 자기 세력을 확장하고, 무력을 통해서든 계략을 통해서든 장애를 극복하고, 인민들이 자신을 사랑하면서도 두려워하게 만들고, 병사들로 하여금 순종하면서 존경하도록 만들고, 자신에게 해를 끼칠

---

7   1503년 8월 18일에 알렉산데르 6세가 죽고 비오 3세(Pius Ⅲ)가 교황이 되었으나, 약 한 달 후인 1503년 10월 18일에 비오 3세도 사망했다. 10월 말에 다시 교황을 선출하기 위한 회의(콘클라베)가 열렸는데, 마키아벨리는 당시 로마에 있었다.

것이 확실하거나 그럴 가능성이 있는 자들을 전멸시키고, 낡은 제도를 새로운 제도로 대체하고, 엄격하면서도 자애롭고 고결하면서도 너그러우며, 충성스럽지 못한 군대를 해체하고 새로운 군대를 창설하고, 다른 왕들이나 군주들과 우호관계를 유지하여 그들이 기꺼이 자신을 지원하든지 아니면 자신을 해치고자 할 때 적어도 다시 한 번 생각하도록 만드는 것이 필요하다고 생각하는 통치자는 이 사람의 행위보다 더 생생한 본보기를 찾을 수 없을 것이다.

그가 비난받을 수 있는 점이 있다면, 율리오 2세의 교황 선출에 관한 것이다. 그것은 잘못된 선택이었다. 앞에서 이야기했듯이, 그는 자기가 원하는 대로 교황을 선출할 수는 없어도, 원하지 않는 사람이 교황이 되는 것을 막을 수는 있었다. 따라서 그는 자신이 해를 입힌 적이 있거나 교황으로 선출되었을 때 자신을 두려워할 만한 이유를 지닌 추기경들이 교황으로 선출되는 것에 결코 동의하지 말았어야 했다. 사람들이 서로를 공격하는 것은 두려움이나 증오에서 비롯하기 때문이다. 그가 해를 입힌 적이 있는 추기경들로는, 그 누구보다도 특히, 산 피에로 아드 빈쿨라,[8] 콜론나, 산 조르조, 아스카니오가 있었다. 루앙의 추

---

8   교황 율리오 2세를 가리킨다. 산 피에로 아드 빈쿨라(San Pietro ad Vincula 또는 San Pietro in Vincoli)는 성당 이름이고, 이곳의 추기경인 줄리아노 델라 로베레(Giuliano della Rovere)가 교황 율리오 2세로 선출되었다.

기경과 에스파냐 출신 추기경들을 제외하고, 나머지 추기경들은 교황이 된다면 그를 두려워했을 것이다. 에스파냐 추기경들은 그와 혈연적 유대 관계가 있으면서[9] 그에게 빚진 것도 있었고, 루앙의 추기경은 그의 배후에 프랑스왕이 있었기 때문에 아주 강력한 인물이었다.[10] 그러므로 공작은 무엇보다도 에스파냐 추기경을 교황으로 만들어야 했고, 그것에 실패했을 경우에, 산피에로 아드 빈쿨라가 아니라 루앙의 추기경을 교황으로 선출하는 데 동의했어야 했다. 거물급 인사들은 새로운 혜택을 받으면 과거의 피해 같은 것은 잊어버릴 것이라고 생각하는 사람은 스스로를 기만하는 것이다. 따라서 공작은 교황 선출에서 실수를 범했고 그것이 그의 파멸의 원인이었다.

---

9 보르자 가문은 에스파냐 혈통이다.

10 3장에서 프랑스왕의 이혼과 관련하여 언급되었던 루앙의 대주교를 말한다.

8장

악행을 통해 군주국을 획득한 사람들

사적인 개인에서 군주의 자리에 오를 수 있는 방법으로는, 전적으로 운*fortuna*이나 재능*virtù*에 의거하지 않는, 다른 두 가지 방법이 더 있다. 두 가지 방법 중 하나는 공화국에 대해 논의하는 곳에서 좀더 풍부하게 다룰 것이지만,[1] 아무래도 이 방법들에 대해서 아무런 언급 없이 넘어가서는 안 될 것 같다. 방법 중 첫 번째는 사악하고도 불법적인 방법으로 군주의 자리에 오르는 것이고,[2] 두 번째는 동료 시민들의 지원으로 한 시민이 그 나라의 군

....

1 《로마사 논고》를 가리킨다는 견해가 일반적이다.

2 8장의 주제.

주가 되는 것이다.[3] 이제 첫 번째 방법에 대해 이야기하면서, 나는 두 가지 사례를 제시할 것이다. 하나는 고대의 사례이고 또하나는 최근의 것이다. 그리고 사례를 제시하는 것 말고 이 방식에 대해 더 깊이 다루지는 않을 것인데, 어쩔 수 없이 이 방식을따라야 하는 사람들은 이 두 가지 사례만으로도 충분히 교훈을얻을 수 있을 것이라고 판단하기 때문이다.

시칠리아 사람, 아가토클레스는 사적인 개인이었을 뿐 아니라 비천한 하층 신분에서 시라쿠사의 왕이 되었다. 옹기장이 아들로 태어난 그는 시종일관 악명 높은 삶을 살았다. 그럼에도 그의 악행은 정신과 육체의 탁월한 능력*virtù*을 동반하고 있었기 때문에, 군대에 몸을 맡긴 뒤로는 계속해서 승진해 결국에는 시라쿠사의 군사령관이 되었다. 그리고 이 지위에서 자신의 위상이확고해지자마자 군주가 되기로 결심했고, 지금까지는 다른 사람의 동의를 통해 그에게 부여되었던 권력을, 폭력을 통해 다른사람에게 신세 지지 않고 유지해보기로 결심했다. 이 목적을 달성하기 위해 그는 당시 시칠리아에서 군대를 이끌며 전투를 치르고 있던 카르타고 사람 하밀카르[4]와 논의해 합의를 이루었다. 어느 날 아침 그는 마치 논의해야 할 공화국 관련 업무들이 있

---

3 9장의 주제.

4 Hamilcar. 한니발의 아버지(하밀카르 바르카)도 같은 이름이지만, 여기서는 그를
가리키는 것이 아니다.

는 듯이, 시라쿠사의 인민들과 원로원을 소집했다. 그리고 사전에 약속한 신호에 따라 그의 병사들이 모든 원로원 의원들과 인민들 가운데 가장 부유한 사람들을 살해했다. 이 학살 이후에 아가토클레스는 인민들로부터 어떠한 저항도 받지 않고 그 도시의 군주 자리를 빼앗아 눌러앉았다. 그리고 카르타고 군대에 두 차례에 걸쳐 패배하고 결국에는 포위 공격을 당하는 처지에 놓였지만, 이 상황에서도 그는 자신의 도시를 방어해내는 데 그치지 않고, 일부 병사들을 도시에 남겨 포위 공격에 저항하도록 한 채, 나머지 병사들을 이끌고 도시를 빠져나와 아프리카[5]를 공격하기까지 했다. 얼마 지나지 않아 시라쿠사는 포위 공격에서 벗어났고, 카르타고 군대는 한계 상황에 몰려 어쩔 수 없이 아가토클레스와 타협을 해야 했다. 그래서 카르타고인들은 시칠리아를 아가토클레스에게 넘기고 아프리카를 보유하는 것에 만족해야 했다.

그러므로 아가토클레스의 행위과 경력[6]을 고찰해본 사람은 거기에 운*fortuna*의 결과라고 할 수 있는 것이 전혀 없거나 거의 없

---

5 아프리카는 지금의 튀니지, 알제리, 리비아를 포함하는 북아프리카 해안 지대를 가리킨다. 카르타고의 위치는 튀니지의 수도 튀니스의 교외 지역이다.

6 원문은 비르투(*virtù*). 이를 비타(*vita*, 생애)로 해석하는 경우도 있다. 아가토클레스의 권력이 재능(*virtù*)과 운(*fortuna*)에 의한 것이 아니라는 서술이 뒤따르는 것으로 보아, 생애로 해석하는 것이 적절할 수 있다. 한편 '*virtù*를 보라, 그러나 그것은 진정한 *virtù*가 아니다'라는 식의 서술로 볼 수도 있다.

다는 사실을 발견하게 될 것이다. 왜냐하면 앞에서 보았듯이, 그는 다른 사람의 호의가 아니라 군대에서 차근차근 승진함으로써 권력을 얻었는데, 이렇게 한 계단 한 계단 오를 때마다 그는 수많은 어려움과 위험에 직면했다. 그리고 군주의 지위에 오른 다음에도 수많은 적대와 위험을 겪으며 대담하게 그 지위를 유지했다. 그렇지만 동료 시민들을 살해하고, 친구들을 속이고, 신의도 자비도 신앙심도 없는 것을 재능*virtù*이라고 말할 수는 없다. 그러한 방법으로는 제국을 얻을 수 있을지 몰라도 영광을 얻을 수는 없다. 하지만 위험에 뛰어들어 그것을 헤쳐나온 아가토클레스의 능력*virtù*과 더불어, 고난을 견디고 극복한 그의 강인한 정신력을 고려한다면, 그가 그 어떤 걸출한 군사 지도자들보다 못하다고 평가할 이유를 찾기 어렵다. 그럼에도 끝없는 악행을 수반한 그의 야만적인 냉혹함과 잔인함 때문에, 우리가 기릴 만한 가장 뛰어난 인물들 가운데 그를 포함시킬 수는 없다. 따라서 결론적으로 말하면, 그가 성취한 것을 운이나 재능 중 하나의 덕분으로 돌릴 수는 없다.

우리 시대로 와서, 알렉산데르 6세가 재위하던 시기에, 페르모 지역의 올리베로토의 사례를 살펴보자. 일찍이 고아가 된 그를 외숙부인 조반니 폴리아니가 양육했다. 그러나 외숙부는 그가 일찍부터 군사 규율을 익혀 좀더 높은 자리에 오르길 바라며, 아직 한창 어린 그를 파올로 비텔리 휘하의 군대로 보냈다. 파올로가 죽은 뒤, 그는 파올로의 동생인 비텔로초의 휘하에서 복무했는데, 천부적인 재주와 심신의 강인함 덕분에 아주 짧은 시간에 비텔로초 군대의 최고위직에 올랐다. 하지만 다른 사람들 밑에서 복무하는 것이 보잘 것 없는 일처럼 보이자, 자신들의 도시가 자유 상태보다 노예 상태에 있는 것이 더 낫다고 생각하는 몇몇 페르모 시민들의 도움과 비텔리 가문의 지원을 받아, 페르모를 장악하기로 마음먹었다. 그래서 그는 외숙부 조반니 폴리아니에게 편지를 써 여러 해 동안 고향을 떠나 있었기 때문에, 아저씨도 뵙고 고향도 둘러보고, 유산으로 받은 재산 상태도 점검할 겸해서 방문하고 싶다고 했다. 또한 자신이 지금까지 열심히 일한 것은 오직 명예를 얻기 위한 것일 뿐이므로, 그곳 시민들이 자신이 그동안 시간을 헛되이 보내지 않았다는 것을 알 수 있도록, 동행하는 친구들과 하인들 100명이 모두 말을 타고, 명예로운 방식으로 그 도시에 들어서고 싶다고 전했다. 계속해서 외숙부에게 페르모 시민들이 자신을 적절한 방식으로 맞이할 수 있도록 준비해 달라고 청하면서, 이 모든 것이 자신의 명예일 뿐 아니라 자신을 키워준 아저씨의 명예이기도 하다는 말을 덧붙였다.

그래서 조반니는 조카를 융숭하게 대접하기 위해 최선을 다했다. 그는 페르모 사람들이 올리베로토를 정중하게 맞이하도록 만들었고, 조카가 자신의 집[7]에서 머물 수 있도록 준비했다.

올리베로토는 그곳에서 며칠을 보내면서 자신의 사악한 계획에 필요한 것들을 준비한 후, 성대한 연회를 열어 조반니 폴리아니와 페르모의 지도급 인사들을 모두 초청했다. 풍성한 식사와 그런 연회에 보통 뒤따르는 여러 가지 여흥이 끝난 다음, 올리베로토는 교활하게도 화제를 살짝 무거운 쪽으로 돌려, 교황 알렉산데르와 그의 아들 체사레의 위대함과 그들이 펼치는 사업의 중대함에 대해 이야기하기 시작했다. 조반니를 비롯한 다른 사람들이 그 대화에 끼어들자, 올리베로토는 갑자기 일어서서 이런 이야기는 더 은밀한 장소에서 논의해야 한다고 말했다. 그리고 그는 다른 방으로 들어갔고, 조반니와 다른 사람들이 뒤를 따랐다. 그들이 자리에 앉자마자 은밀한 곳에 있던 병사들이 뛰어나와 조반니를 비롯해 모든 사람을 살육했다.

이 학살을 자행한 후, 올리베로토는 말을 타고 시내를 가로질러 가서, 궁전에 있는 수석 정무관을 포위했다. 그러자 사람들은 겁에 질려 어쩔 수 없이 그에게 복종하고, 그를 군주로 하는 정부를 구성해야만 했다. 올리베로토는 자신에게 해를 가할 수 있는 불만분자들을 모두 죽이고, 새로운 민법과 군령으로 자신의 지위를 강화했다. 그렇게 해서 페르모의 군주가 된 지 1년 안에

---

7   대부분의 판본은 조반니의 집으로 해석하지만, 올리베로토가 그 도시에 소유하고 있던 집으로 해석하는 판본도 있다.

그 도시 안에서는 누구도 거역할 수 없을 정도로 확고한 지배자가 되었을 뿐 아니라, 모든 인접 도시들에는 두려움의 대상이 되었다. 그리고 그가 체사레 보르자의 속임수에 넘어가지만 않았다면, 그를 파괴하기란 아가토클레스를 쓰러뜨리는 것만큼이나 어려웠을 것이다. 앞에서 이야기했듯이,[8] 체사레 보르자는 오르시니 가문과 비텔리 가문 사람들을 세니갈리아로 유인하여 사로잡았는데, 올리베로트는 당시 이 가문 사람들과 함께 세니갈리아로 갔다가 사로잡힌 것이다. 그래서 존속살인을 저지른 지 1년 뒤에, 그는 자신의 용맹*virtù*과 사악함의 스승이었던 비텔로초와 함께 교수형에 처해지고 말았다.

아가토클레스나 그와 같은 부류의 사람들이 수많은 배신과 잔인한 짓을 저지른 뒤에도, 자기 나라에서 오랫동안 안전하게 살 수 있었고, 외부의 적들로부터 자신을 방어할 수 있었으며, 게다가 시민들에 의한 반란 음모도 전혀 겪지 않은 일이 도대체 어떻게 일어날 수 있었는지 궁금해 하는 사람들이 당연히 있을 것이다. 잔인함을 이용했던 다른 많은 사람들이 불확실한 전시에는 말할 것도 없고 평화로운 시기에도 권력을 유지할 수 없었다는 것을 다들 잘 알기 때문이다. 나는 이러한 일이 잔혹한 행위를 잘못 사용하느냐 아니면 적절하게 사용하느냐의 차이에서

....
8   7장.

비롯한다고 믿는다. (만약 악행에 적절하다는 말을 사용하는 것이 가능하다면) 잔혹한 행위를 적절하게 사용했다고 말할 수 있는 것은, 자신의 지위를 보전하기 위해 필요할 때 단 한 번 결정적으로 사용하고, 백성들에게 이익이 되지 않는다면 이후에는 그만두는 것이다. 악행을 잘못 사용한다고 말할 수 있는 것은, 처음에는 별로 사용하지 않았지만 시간이 지남에 따라 증가하는 경우다. 첫 번째 방식을 취하는 사람들은, 아가토클레스가 그랬던 것처럼, 하나님과 사람들의 도움으로[9] 그들의 상황을 호전시킬 수 있다. 그러나 다른 방식을 따르는 사람들은 자신의 지위를 유지하는 게 불가능하다.

따라서 국가를 장악할 때, 그것을 찬탈하는 사람은 자신이 저질러야 할 모든 잔혹한 행위를 면밀히 검토한 후 단번에 실행에 옮겨서 그런 일이 매일 되풀이되지 않도록 해야 한다는 점을 명심할 필요가 있다. 그렇게 사람들이 동요하지 않게 함으로써, 민심을 안정시키고 또 시혜를 베풀어 사람들을 자기편으로 만들 수 있다. 겁이 많아서든 아니면 잘못된 조언 때문이든, 그렇게 하지 않는 사람은 언제나 손에 칼을 들고 있어야 한다. 그리고 그런 사람은 자신의 백성들에게 의존할 수도 없는데, 끊임없

---

9 '하나님의 견지에서도 인간의 눈으로 보아도'라고 되어 있는 영역본도 있다. 이것은 '신의 법과 인간의 법률에 비추어볼 때' 큰 잘못이 아닌 상태가 된다는 뜻이다.

이 반복되는 그의 위해 행위로 인해 백성들이 그를 신뢰하지 못하기 때문이다. 잔혹한 행위는 한번에 저지르고 끝내야 한다. 그렇게 해야 사람들은 그것의 가혹함을 덜 느끼고, 감정도 덜 상하게 될 것이다. 반면 시혜는 조금씩 베풀어야 그 향취가 오래 지속될 수 있다. 그리고 무엇보다도 군주는 좋은 일이든 나쁜 일이든, 어떤 예기치 않은 일이 일어나더라도 자신의 행동 방침을 바꾸지 않는 방식으로 자신의 백성들과 관계를 유지해야 한다. 그렇지 않으면 어려운 시기에 처하여 정작 가혹한 정책으로 변화할 필요가 있을 때, 당신이 사용하는 가혹한 수단은 아무런 효과도 내지 못할 것이다. 그리고 좀더 온건한 정책으로 방향을 전환한다고 해도, 그것 모두가 마지못해 행하는 것으로 보여 아무도 감사하게 생각하지 않을 것이므로, 당신에게 도움이 되지 않을 것이다.

9장

시민 군주국

이제 시민이 군주가 되는 또 다른 방법, 다시 말해 악행이나 폭력에 의한 방법이 아니라 동료 시민들의 호의에 의해 군주가 되는 방법으로 관심을 돌려보자. 우리는 이것을 시민 군주국이라고 부를 수 있다. 이런 군주국을 획득하는 데는 전적으로 역량 *virtù*에 의존하거나 아니면 전적으로 행운*fortuna*에 의존할 필요는 없다. 오히려 행운이 뒷받침되는 예리한 통찰력이 필요하다. 내 말은, 이러한 군주의 지위에 오르려면 인민의 호의나 귀족의 호의가 필요하다는 것이다. 어느 도시[1]든 서로 상반된 기질을 갖는

---

1 도시 국가 또는 정치체를 뜻한다.

이 두 집단은 존재한다. 그런데 인민은 귀족의 명령을 받거나 그들로부터 억압받고 싶어 하지 않으며, 귀족은 인민에게 명령을 내리고 그들을 억압하길 원한다. 이 두 가지 상반된 욕구에서 세 가지 결과가 나올 수 있는데, 각 도시에서는 그중 한 가지 상황이 발생한다. 그 세 가지는 군주국, 공화국, 무정부 상태다.[2]

　이때 군주국은 인민이나 귀족 중 기회를 잡은 세력에 의해서 설립된다. 귀족이 대중의 압력에 저항할 수 없다는 사실을 깨닫게 되면, 자신들 가운데 한 사람을 선택해 모든 명성이 그에게 집중되도록 치켜세워 그를 군주로 만드는데, 이는 그의 비호를 받으며 자신들의 욕구를 충족시키기 위함이다. 마찬가지로 인민은 자신들이 귀족에 저항할 수 없다는 사실을 깨닫게 되면, 자신들 가운데 한 사람을 선택해 모든 명성이 그에게 집중되도록 치켜세워 그를 군주로 만드는데, 이는 그의 권위를 이용해서 자신들을 보호하기 위함이다. 귀족의 도움으로 군주의 자리에 오른 사람은 인민의 지지를 받아 군주가 된 사람보다 그 지위를 보존하기가 어렵다. 귀족의 도움을 받은 군주는 그와 동등하다고 여기는 많은 이들에 둘러싸여 있다는 사실을 발견하게 되는데, 이로 인해 그는 자신만의 방식대로 명령을 내릴 수도 없고 업무

2　직역하면, '군주국, 자유, 방종'이다. 그런데 자유롭게 사는 상태라는 것은 군주제와 비교되는 자치정 또는 공화국의 특징이다. 그리고 방종은 말 그대로 무법 상태를 뜻한다.

를 처리할 수도 없다.

그러나 인민의 지지를 받아 군주가 된 사람은 혼자서 권력을 차지하며, 주변에 그에게 복종하길 꺼리는 사람은 아무도 없거나 아주 조금 있다. 더욱이 다른 사람들을 해치지 않고 공평하게 행동해서는 귀족을 만족시킬 수 없지만, 인민을 만족시킬 수는 있다. 인민의 목적은 귀족의 목적보다 더 명예롭기 때문이다. 다시 말해, 귀족은 억압하기를 원하는 반면, 인민은 그저 억압받지 않기를 바란다. 또한 군주는 인민이 그에게 적대적이라면 자신의 안전을 지킬 수 없다. 인민은 그 수가 너무나 많기 때문이다. 반면 귀족의 수는 적기 때문에, 적대적인 귀족으로 자신의 안전을 지키는 것은 가능하다. 군주가 인민이 적대적으로 돌아설 때 예상할 수 있는 최악의 것은 그들에게서 버림을 받는 것이다. 그러나 귀족이 적대적으로 돌아설 때 군주는 버림받는 것뿐 아니라 직접적인 공격도 걱정해야만 한다. 귀족은 더 멀리까지 내다보고 통찰력도 있기 때문에, 언제나 제때에 나서서 자신들의 안전을 지키고, 승자가 될 것이라 예상되는 쪽의 환심을 사려고 한다. 게다가 군주는 필연적으로 언제나 동일한 인민과 살아야 하지만, 동일한 귀족들이 없어도 사는 데 아무 지장이 없다. 군주는 자기 마음대로 권위를 부여하거나 빼앗음으로써, 매일 귀족들을 만들어낼 수도 있고 없앨 수도 있기 때문이다.

이 문제를 좀더 명확하게 하기 위해서는, 귀족을 크게 두 가지 유형으로 나누어 생각할 필요가 있다. 다시 말해, 자신의 성공 여부를 군주인 당신의 운명과 완전히 하나로 묶어서 행동하는 귀족인지, 그렇지 않은 귀족인지 구분할 필요가 있다. 자신의 성공 여부를 당신과 결합시키고 탐욕스럽지 않은 사람들에게는 권위를 부여하고 사랑해야 한다. 그렇지 않은 자들은 다시 두 부류로 나눌 수 있다. 우선 소심함과 선천적인 성격상의 결함 탓에, 이것을 못할 수도 있다. 그런 경우에 당신은 그들을 활용해야 한다. 특히 그중에 훌륭한 조언을 해줄 사람들을 활용하는 것이 좋다. 번영의 시기에 그들은 당신에게 영예를 가져다줄 것이지만, 역경의 시기에 당신은 그들을 두려워할 필요가 없기 때문이다. 그러나 두 번째로, 교활하게도 야심에 찬 목적을 품고 있기 때문에 자신의 성공을 당신과 결합시키지 않는 경우인데, 이는 그들이 당신보다 자신을 더 생각한다는 징표다. 따라서 군주는 그들을 경계해야 하고, 마치 공공연한 적인 것처럼 그들을 두려워해야 한다. 왜냐하면 어려운 시기에 처했을 때 그들은 언제나 군주를 파멸시키는 데 일조할 것이기 때문이다.

그러므로 인민의 호의로 군주가 된 사람은 그들과 우호적인 관계를 계속 유지해야 한다. 그들이 군주에게 요구하는 바는 자신들을 억압하지 않는 것뿐이므로 이를 하기는 아주 쉽다. 그러나 인민과 대립하면서 귀족의 호의로 군주가 된 사람은 무엇보다도 먼저 인민을 자기편으로 끌어들이기 위해 노력해야 한다.

인민을 억압하지 않고 보호해준다면 쉽게 이룰 수 있을 것이다. 무릇 사람들은 자신에게 해를 끼치리라 생각했던 인물이 은혜를 베풀면, 더 크게 감사하는 법이다. 그래서 인민은 빠르게 그의 편으로 넘어가는데, 자신들이 지지해서 된 군주보다 이런 군주에게 더욱 더 헌신적이다. 군주가 인민의 사랑을 끌어내는 방법은 여러 가지가 있는데, 그 방법은 상황에 따라 달라지므로 분명한 규칙을 제시할 수는 없다. 따라서 이것에 관해서는 논하지 않겠다. 나는 그저 이렇게 결론짓겠다. 군주는 인민을 반드시 자기편으로 만들어야 한다. 그렇지 않으면 어려운 시기에 처했을 때 아무런 안전망도 없게 된다.

스파르타의 군주였던 나비스[3]는 그리스 전체와 승승장구하던 로마 군대가 함께 시도한 포위 공격을 받았으나, 이를 잘 견뎌 국가와 자신의 지위를 지켰다. 이 위험이 엄습했을 때, 그는 그저 소수 내부의 적들로부터 자신의 안전을 지키기만 하면 되었다. 인민이 적대적이었다면 이것으로는 충분하지 않았을 것이다. 나의 이러한 견해에 "인민을 기반으로 하는 사람은 진흙 위에 집을 짓는 것이다"라고 하는 진부한 속담을 꺼내서 반박하려

3   나비스(Nabis)는 독립 스파르타의 마지막 통치자로, 기원전 207년부터 192년까지 스파르타의 참주였다. 마케도니아와 로마가 싸운 2차 마케도니아 전쟁(기원전 200~196)에서 마케도니아의 필리포스 5세와 한편으로 싸웠다. 전쟁이 끝난 후 로마 군대는 그리스 지역을 떠나지 않고 스파르타에 포위 공격을 시도했다.

고 들지는 마라. 이 속담은, 인민을 기반으로 권력을 쌓은 사적인 시민이, 자신의 적들이나 관리들에게 억압당할 때 인민이 자신을 구해줄 것이라고 믿을 때 적용되기 때문이다. 이런 경우에는 로마의 그라쿠스 형제와 피렌체의 조르조 스칼리[4]가 그랬던 것처럼, 결과에 낙담하여 자신이 기만당했음을 깨닫는 일은 일어날 수 있다. 그러나 인민을 기반으로 하는 군주가, 지휘하는 방법을 알고, 용기를 지니고 있으며, 어려움에 처해서도 당황하지 않고, 사전 대책에 만전을 기하고, 자신의 개성과 통치 방식으로 전체 인민에 활력을 불어넣는다면, 그는 인민에게 기만당하는 일이 없을 것이며 또한 자신이 쌓아 올린 권력 기반이 아주 탄탄하다는 사실을 깨닫게 될 것이다.

　이러한 종류의 군주국들은 시민의 지지를 바탕으로 하는 통치 형태[5]에서 절대적인 통치 형태로 이행하려고 할 때 대체로 위험에 처하고 만다. 그 이유는 이러하다. 이 시점에서 문제의 군주는 직접 통치하든지 관리를 임명해 통치한다. 관리로 통치하는 경우에는 그 군주의 지위가 더욱 취약하고 더 큰 위험에 노출될 수 있다. 왜냐하면 이때 군주는 관리로 임명된 시민들의 선의에 전적으로 의존하는데, 이들은, 특히 어려운 시기가 닥쳤을

　4　1378년 피렌체에서 일어난 노동자 반란이라고 할 수 있는 촘피(Ciompi) 반란의 지도자 중 한 사람.
　5　시민 군주국.

때, 음모를 꾸미거나 공개적인 저항을 통해 아주 쉽게 군주의 권력을 빼앗을 수 있기 때문이다. 그리고 일단 그러한 위험에 처하고 나면 군주는 절대적인 권위를 행사할 기회가 없다. 시민들과 백성들은 이미 관리들에게 명령을 받는 것에 익숙해져서, 이 위기의 시기에 군주의 명령에 복종하지 않을 거 같기 때문이다. 또한 이처럼 위험한 시기에는 군주가 믿을 수 있는 사람들이 항상 부족하다. 그러한 군주는 평온한 시기, 다시 말해 시민들이 국가를 필요로 하던 시기에 그가 보았던 것에 의존할 수 없다. 평온한 시기에는 모든 사람이 기꺼이 그에게 달려오고, 모든 사람이 이러저러한 것들을 약속하고, 죽을 가능성이 전혀 없는데 모든 사람이 그를 위해 죽을 각오를 한다. 그러나 어려운 시기, 다시 말해 국가가 시민들을 필요로 할 때는 그런 사람을 거의 찾아볼 수 없다. 그리고 이와 같이 결정적인 시기에 시민들의 충성심에 의존하고자 시도하는 것은 너무나 위험한 시험이다. 그 시험은 단 한 차례만 시도할 수 있기 때문이다. 그러므로 현명한 군주는 상황이 좋든 나쁘든 시민들이 언제나 국가와 자신을 필요로 하게 만들 방법을 찾아야 한다. 그래야만 언제 어느 때나 시민들이 그에게 충성스러울 것이다.

10장

군주국의 힘을 측정하는 방법

이러한 군주국들의 특성을 검토하면서 또 하나 고려해야 할 점이 있다. 그것은 군주가 필요한 경우에 자신의 자원만으로 스스로를 지킬 수 있을 만큼 충분한 권력을 지니고 있는지, 아니면 언제나 다른 사람의 도움을 받아야 하는지 하는 문제다. 이 문제를 좀더 분명하게 말하자면 이렇다. 자신의 자원만으로 스스로를 지킬 수 있는 군주는, 어느 누가 자신을 공격하든지 그에 맞서 적절히 군대를 조직해 전투를 치를 수 있을 정도로 풍부한 인력이나 풍부한 자금을 지닌 군주다. 그리고 언제나 다른 사람의 도움이 필요한 군주는 싸움터에서 적과 맞서 싸우지 못하고 성벽 뒤로 피신해서 자신을 지켜야 하는 군주다. 첫 번째 경우에 대해서는 이미 논의했지만, 되풀이할 필요가 있으면 그때 다시 이야기하겠다.[1] 두 번째 경우에, 그런 군주들에게는 자신이 거주하는 도시에 성벽을 쌓아 요새화하고 식량을 비축해두고, 나머지 영토에 대해서는 신경 쓰지 말라는 것 말고는 달리 조언할 것이 없다. 자신의 도시를 튼튼하게 요새화하고, 백성들과 (앞에서 이야기했고 나중에 다시 논의할 방식으로) 관계를 잘 유지하는 군주라면, 적들은 공격하기에 앞서 다시 한 번 신중하게 생각할 것이다. 사람들은 항상 어려움이 따를 것으로 보이는 기획에는 부정적이기 마련인데, 요새화가 잘 되어 있는 도시를 가지고 있으며 인민들로부터 미움도 받지 않는 군주를 공격하는 일은 결코 쉽지 않다는 것을 알기 때문이다.

독일의 도시들은 완전히 자유롭고,[2] 주변에 영토를 거의 가지고 있지 않으며, 황제에게도 그들이 원할 때에만 복종하고, 황제나 주변의 다른 어떤 세력도 두려워하지 않는다. 이는 모든 사람이 그들을 공격해 장악하기란 힘들고도 지난한 일이라고 생각할 정도로, 이 도시들이 요새화가 잘 되어 있기 때문이다. 그 도시들은 모두 적절한 해자와 성벽을 갖추었고, 충분한 대포를 보유했으며, 공공 창고에 1년을 버티기에 충분한 식량, 식수, 연료

---

1 6장에서 논의되었고, 12~14장에서 다시 논의한다.
2 독립적이라는 뜻.

를 항상 비축하고 있다. 게다가 공공 재정을 축내지 않으면서도 가난한 하층민을 먹여 살리기 위해, 도시의 생명선이며 활력소인 작업장들에서 1년 동안 작업할 수 있는 원재료를 비축하고 있다. 인민들은 바로 이 일자리에서 생계를 꾸려나갈 수 있는 것이다. 또한 그들은 군사 훈련을 중요하게 여기며, 이것이 정규적으로 시행될 수 있도록 여러 가지 규정을 갖추고 있다.

그러므로 견고한 도시를 가지고 있으며 인민들 사이에서 미움을 받지 않는 군주는 공격받지 않을 것이며, 설령 누군가 공격한다고 해도 공격한 사람은 치욕스럽게 퇴각하고 말 것이다. 왜냐하면 세상사는 너무나 변화무쌍해, 군대를 1년 내내 아무 일도 하지 않고 도시 성벽 밖에서 포위만 하고 있게 하는 것은 불가능한 일에 가깝기 때문이다. 그런데 누군가는 이렇게 이의를 제기할지도 모르겠다. 인민들이 도시 바깥에 재산을 가지고 있고, 그것이 불에 타 사라지는 것을 본다면, 그들은 더는 참지 않을 것이며, 그래서 오랜 포위 공격과 이기심이 결합되면 군주는 안중에서 사라지게 될 것이라고. 그러면 나는 이렇게 대답하겠다. 강력하고 기백이 넘치는 군주는 인민들에게 재난이 오래 지속되지 않을 것이라는 희망을 심어주고, 또 어떤 때는 인민들로 하여금 적의 잔인함에 두려움을 갖도록 만들며, 또 조급하고 무모해 보이는 인민들을 차단하기 위해 기민하게 움직임으로써, 그러한 어려움을 극복할 것이다.

게다가 적군은 도시 앞에 도착하자마자 당연히 주변 영토에 불을 지르고 파괴할 것이지만, 그때는 사람들의 가슴이 여전히 뜨겁고 방어할 태세가 되어 있다. 그리고 이 일로 군주의 걱정거리는 훨씬 더 줄어든다. 며칠이 지나면 사람들의 가슴은 식어버리지만, 피해는 이미 입었고, 재앙은 이미 벌어졌으며, 그것을 되돌릴 방법은 없기 때문이다. 그러면 이제 인민들은 군주를 돕기 위해 더욱 더 힘을 모으게 된다. 군주를 방어하다가 그들의 집이 불타고 재산이 파괴되었으므로, 이제 군주가 자신들에게 빚을 지고 있는 것처럼 보이기 때문이다. 자신이 받은 혜택만큼이나 자신이 베푼 혜택에 의해서도 구속되는 것이 인간의 본성이다. 그러므로 모든 것을 고려할 때, 식량과 방어 수단을 갖추고 있는 한, 분별력 있는 군주가 포위 공격을 당하는 내내 시민들의 마음을 확고하게 유지하는 일은 어렵지 않을 것이다.

11장

교회 군주국

이제 교회 군주국을 이야기하는 일만 남았다. 이 경우에 모든 어려움은 국가를 획득하기 전에 나타난다. 이러한 국가를 획득하는 데는 역량*virtù*이나 행운*fortuna*이 필요하지만, 유지하는 데에는 두 가지 중 어느 하나가 없어도 괜찮기 때문이다. 교회 군주국은 오랜 역사를 지닌 종교 제도들에 의해 지탱되는데, 그 제도들은 군주가 어떻게 행동하고 어떻게 살든 그의 권력을 유지할 수 있게 해주는 그런 특성을 지녔으며, 그만큼 아주 강력하다. 교회 국가의 군주는 국가를 소유하지만 방어할 필요가 없고, 백성을 소유하지만 통치할 필요가 없다. 국가는 방어하지 않아도 빼앗기지 않고, 백성은 통치되지 않아도 개의치 않는다. 다시 말해,

그들은 군주에게서 등을 돌릴 생각도 하지 않고 그렇게 할 방법도 없다. 그러므로 이러한 국가야말로 안전하고 행복한 유일한 군주국이다. 그러나 이러한 군주국은 인간의 정신이 도달할 수 없는 권능에 의해 지탱되기 때문에, 나는 더 이상 그것을 이야기하지 않겠다. 이러한 국가는 하나님에 의해 건설되고 유지되는 것이어서, 한낱 인간이 그것을 논의하는 것은 주제넘고도 경솔한 짓일 것이다.

그럼에도 누군가가 내게 어떻게 해서 교회가 그렇게 강력한 세속 권력을 획득하게 되었는지 질문할지도 모르겠다. 알렉산데르 6세가 교황이 되기 이전에는, 이탈리아의 세력가들—강대국의 통치자뿐 아니라 일개 영주나 귀족까지—은 교회의 세속 권력을 무시해도 될 정도로 하찮은 것이라고 생각해왔다. 그런데 지금은 프랑스왕도 교회 앞에서 떨 정도다. 교회는 이탈리아에서 프랑스왕을 몰아내고 베네치아를 파괴할 수도 있게 된 것이다. 이와 같은 사실은 이미 잘 알려져 있지만, 왜 이런 일이 일어났는지 그 중요한 부분을 다시 돌이켜보는 것도 그리 쓸데없는 짓처럼 보이지 않는다.

프랑스왕 샤를 8세가 이탈리아로 침입하기[1] 전, 이 지역은 교황, 베네치아인, 나폴리왕, 밀라노 공작, 피렌체인의 지배 아래

---

1 1494년.

있었다. 이 세력가들에게는 두 가지 주요 관심사가 있었는데, 하나는 어떠한 외국 군대도 이탈리아로 들어와서는 안 된다는 것이고, 다른 하나는 자신들 가운데 어떤 쪽도 영토를 더 장악해서는 안 된다는 것이었다. 그중 가장 큰 걱정거리는 교황과 베네치아인들이었다. 베네치아를 저지하기 위해서는, 페라라를 방어하기 위해 그랬던 것처럼[2] 다른 모든 세력이 연합할 필요가 있었다. 한편 교황을 억제하기 위해서 로마 귀족이 이용되었다. 로마 귀족은 오르시니파와 콜론나파, 이렇게 두 파벌로 나뉘어 있었기 때문에 그들 사이에는 언제나 싸울 구실이 있었고, 또한 교황의 면전에서 칼을 들고 있을 정도로 교황의 지위를 약화시키고 무력하게 만들었다. 비록 가끔 식스토 4세처럼 기백이 넘치는 교황이 등장하기는 했지만, 그럼에도 운이나 지혜는 이 골칫거리로부터 그를 자유롭게 만들지 못했다. 교황들의 수명이 짧았던 것도 교황의 지위를 약화시킨 원인이었다. 교황의 평균 재위 기간은 10년인데, 그 안에 교황이 두 파벌 중 어느 하나를 약화시키기는 쉽지 않았다. 예를 들어, 어느 교황이 콜론나파를 거의 붕괴시켜도 그 다음에 오르시니파에 적대적인 교황이 즉위하면 콜론나파는 다시 살아날 테다. 그러나 그가 오르시니파를 제거하기에는 시간이 부족할 것이다. 이것이 이탈리아에서 교황의

---

2 2장에서 잠깐 언급되었다.

세속 권력이 높게 평가받지 못한 이유다.

그 다음에 알렉산데르 6세가 즉위했는데,[3] 그는 교황이 돈과 군대를 가지고 무엇을 할 수 있는지를 역대 어떤 교황보다 많이 보여주었다. 발렌티노 공작을 도구로 삼고 프랑스의 이탈리아 침입을 기회로 이용하여, 그는 내가 앞에서 공작의 행적에 대해서 논하면서[4] 이야기했던 모든 일을 수행했다. 비록 그의 의도는 교회가 아니라 공작의 세력을 증대하는 것이었지만, 그럼에도 그가 한 일들은 교회를 강화하는 데 기여했다. 교회의 권력 증가는 그가 죽고 공작이 몰락한 후 교회에 남겨진 그의 유산이었다. 그 다음에 즉위한 교황 율리오 2세[5]는 교회가 강력해졌다는 사실을 발견했다. 교회는 로마냐 전역을 소유하고 있었고, 알렉산데르의 강력한 응징으로 인해 로마 귀족은 무력화되고 그 파벌도 완전히 파괴된 것이다. 그는 또한 교회가 돈을 축적할 수 있는 길이 열렸음을 알게 되었는데, 그 방법은 알렉산데르 재위 시기 이전에는 결코 시행된 적이 없는 것이었다.

율리오는 알렉산데르가 한 일들을 따라했을 뿐 아니라 더욱

....

3 식스토 4세(Sixtus Ⅳ, 재위 1471~84)와 알렉산데르 6세(재위 1492~1503) 사이에 인노첸시오 8세(Innocenz Ⅷ, 재위 1484~92)가 있다.

4 7장.

5 알렉산데르 6세와 율리오 2세(Julius Ⅱ, 재위 1503~13), 두 교황 사이에 비오 3세(Pius Ⅲ, 재위 1503)가 약 한 달 동안 재위했다.

개선했다. 그는 볼로냐를 장악하고, 베네치아인들을 파멸시키며, 이탈리아에서 프랑스인들을 몰아낼 계획을 세웠다. 그는 결국 모든 것을 성취했는데, 더욱 칭송할 만한 것은 이 모든 것을 어떤 사적인 개인의 세력을 위해서가 아니라 교회를 강화하기 위해서 했다는 점이다. 그는 오르시니파와 콜론나파를 그가 처음 발견했던 당시의 쇠약한 상태 그대로 묶어두었다. 그들 가운데 몇몇 지도자는 상황을 바꾸어보려 했지만, 두 가지 장애물이 방해했다. 하나는 교회의 권력 강화인데, 이것이 그들을 겁먹게 만들었다. 또 하나는 그들이 자신의 추기경을 가지고 있지 못했다는 사실이다. 추기경은 파벌 간의 분란을 야기하는 주요한 원인이다. 파벌들이 자신의 추기경을 가지고 있을 때면, 그들은 결코 조용히 있지 않을 것이다. 추기경은 로마 안팎에서 파벌을 형성하고, 귀족들은 그들을 옹호하지 않을 수 없기 때문이다. 이런 식으로 고위 성직자들의 야심이 귀족들 사이의 대립과 소란을 야기했다. 그리하여 현재 레오 10세 교황 성하의 시기에 이르러 교황의 지위는 매우 강력해졌다. 이제 원하는 바는, 전임 교황들이 무력을 통해 교회를 강하게 만들었다면, 그는 자신의 선함과 다른 수많은 덕virtús을 통해 교회를 더욱 강하고 더욱 존경받게 만들었으면 하는 것이다.

12장

군대의 종류와 용병

지금까지는 책머리에서 논의하기로 했던 여러 군주국들의 특성에 대해서 상세하게 이야기했고, 그 국가들이 번영하거나 쇠퇴하는 이유에 대해서도 어느 정도 고찰했으며, 여러 사람이 그것을 획득하고 유지하고자 할 때 사용한 방법들을 검토했다. 이제 내게 남은 일은 그 각각의 군주국에서 이용할 수 있는 공격과 방어 수단을 개괄적으로 논의하는 것이다. 우리는 앞에서 군주가 확고한 토대를 지니는 것이 얼마나 필요한지를 살펴보았다.[1] 그렇게 하지 못하면 그는 반드시 몰락하고 말 것이다. 새로

---

1 7장.

운 국가든 오래된 국가든 아니면 혼합 국가든, 모든 국가의 가장 중요한 토대는 좋은 법과 좋은 군대다. 좋은 군대가 없으면 좋은 법을 가질 수 없고, 좋은 군대를 지니면 좋은 법은 따라오기 마련이므로, 나는 법에 대한 논의는 제쳐놓고 군대를 이야기하고자 한다.

그런데 군주가 국가를 방어하기 위해 의존하는 군대는 자신의 군대이거나 용병이거나 외국의 원군이거나 아니면 혼합 군대다. 용병과 원군은 쓸모없고 위험하다. 자신의 국가를 방어하기 위해 용병 부대에 의존하는 통치자는 안정적이지도 안전하지도 않다. 왜냐하면 그러한 군대는 단합도 안 되어 있고, 야심을 품고 있으며, 규율도 없고, 충성스럽지 않고, 동료들 앞에서는 용맹스럽지만 적 앞에서는 비겁하기 때문이다. 또한 그들은 하나님을 두려워하지 않으며, 사람과 한 약속도 잘 지키지 않는다. 전투가 일어나면 용병은 쓸모없기 때문에, 용병 부대를 지닌 군주가 파멸을 늦출 수 있는 유일한 길은 공격이 늦추어지는 것이다. 그래서 평화시에 당신은 그들에게 약탈당하고 전쟁이 일어나면 적들에게 약탈당한다. 이런 일이 벌어지는 이유는, 그들은 당신에게 어떤 애정도 없고, 당신이 지불하는 하찮은 액수의 급료 외에는 전장에 머물 어떤 까닭도 없으며, 그들이 당신을 위해 기꺼이 목숨을 바칠 정도로 급료가 충분하지 않다는 점에 있다. 그들은 전쟁 중이 아닐 때에는 당신의 병사가 될 만반의 준비가 되어 있지만, 전쟁이 일어나면 도망치거나 사라진다.

이것을 독자들에게 납득시키기는 데는 별로 어려움이 없을 것인데, 이탈리아의 지금의 몰락은 여러 해 동안 용병들에게 의존했다는 것 말고는 다른 이유가 없기 때문이다. 용병들이 예전에 몇몇 전투에서 승리를 거두고, 다른 용병들과 싸울 때 용맹스러워 보였던 것은 사실이다. 그러나 외국 군대가 나타나자마자 그들은 자신들의 진짜 모습을 보여주었다. 그래서 프랑스왕 샤를은 분필 하나로[2] 이탈리아를 장악할 수 있었다. 우리의 죄가 이탈리아 몰락의 원인이라고 말한 사람은 진실을 이야기한 것이다.[3] 그러나 그 죄는 그가 말한 그런 것이 아니라, 내가 지금 이야기한 바로 그것이다. 그것은 군주들의 죄였으므로, 벌을 받은 자들도 군주들이다.

나는 용병 부대가 왜 부적절한지 좀더 보여주고 싶다. 용병 대장들은 뛰어난 군사 지도자일 수도 있고 그렇지 않을 수도 있다. 만약 그가 뛰어난_virtuoso_ 인물이라면, 당신은 그를 믿어서는 안 된

2 "분필 하나로"라는 표현은 거의 저항을 받지 않고 프랑스 군대가 이탈리아로 진군해 들어오는 것을 보고 교황 알렉산데르 6세가 한 말로 알려졌다. 프랑스 군대는 먼저 병참 장교들을 보내 병사들이 숙소로 쓸 민가에 분필로 표시만 해놓고, 그대로 도시로 진입하면 되었다는 뜻이다.

3 6장에서 이름이 언급된 적이 있는 사보나롤라를 가리킨다. 그는 1494년 11월 1일, 만성절 설교에서 프랑스의 침입은 이탈리아와 피렌체에 대한 하나님의 징벌이라고 말했다.

다. 그는 언제나 자신의 권력을 강화하기를 갈망하여, 고용주인 당신을 공격하든지, 당신의 의도에 반하는 다른 사람들을 공격할 것이다. 그러나 용병 대장이 뛰어난 인물이 아니라면, 당신은 그냥 일반적인 방식으로 몰락하게 될 것이다. 용병이든 아니든 상관없이 무장한 사람은 누구나 그런 식으로 행동할 것이라고 반론을 제기하는 사람이 있다면, 나는 이렇게 답하겠다. 군대는 군주나 공화국에 의해 운용되어야 한다. 그런데 군주에 의해 이용될 때는 군주가 몸소 나아가 지휘관의 직무를 수행해야 한다. 공화국의 경우에는 자기 시민들 중에 한 사람을 보내야 하는데, 파견된 사람이 유능하지 못하다고 판명나면 다른 사람으로 교체해야 한다. 그리고 그 사람이 유능한 인물일 때는, 법률로 그를 억제해 위임된 권위를 넘어서지 못하도록 해야 한다. 경험이 우리에게 보여주는 바는, 자체의 군대를 가지고 있는 군주들과 공화국들만이 크게 성공하고, 용병들은 피해만 끼칠 뿐이라는 것이다. 그리고 자체의 군대로 무장한 공화국을 그 시민 중 한 사람이 장악하기는 외부의 군대를 이용하는 공화국을 장악하는 것보다 어렵다. 로마와 스파르타는 여러 세기 동안 군비를 잘 갖추어 자유를 유지했다. 오늘날 스위스는 완벽하게 군비를 갖추어 완전히 자유롭다.[4]

....

4   여기서도 자유롭다는 것은 독립적이라는 뜻이다.

용병 부대를 이용했던 고대의 사례로는 카르타고를 들 수 있다. 카르타고는 로마와 첫 번째 전쟁을 치른 후에 용병들에 의해 거의 파괴되다시피 했는데, 카르타고 시민들이 용병들을 지휘했음에도 이런 일이 벌어졌다. 에파미논다스가 죽은 후에, 테베인들은 마케도니아의 필리포스에게 자신들의 군대 지휘권을 맡겼는데, 전쟁에서 승리하자마자 필리포스는 테베인들의 자유를 빼앗아버렸다. 필리포 공작이 죽자, 밀라노인들은 베네치아인들에 맞서 싸우기 위해 프란체스코 스포르차를 고용했다. 그는 카라바조에서 베네치아인들을 격퇴했지만, 그 후에는 오히려 그들과 동맹을 맺고 자신을 고용한 밀라노인들을 제압했다.[5] 스포르차의 아버지[6]도 나폴리의 조반나 여왕에 의해 지휘관으로 고용되었지만, 여왕을 보호하지 않고 떠나버리는 바람에, 여왕은 자신의 왕국을 구하기 위해 아라곤왕에 자신을 맡기지 않으면 안 되었다.

과거에 베네치아인들과 피렌체인들은 용병 부대를 이용해 영토를 확대했지만, 용병 부대의 지휘관들이 권력을 장악해서 스스로 군주가 되지도 않고, 자신들을 고용한 사람들을 잘 지켜

---

5 1447년에 필리포 공작이 남자 후손을 남기지 못하고 사망하자, 밀라노 시민들은 암브로시아 공화국을 세웠다. 프란체스코 스포르차는 이 새로운 공화국의 사령관으로 고용되어, 1448년에 카라바조에서 베네치아인들의 야심을 분쇄했다. 그러나 1450년에 그는 밀라노를 정복하고 자신을 밀라노 공작으로 선포했다.

6 무치오 아텐돌로 스포르차(Muzio Attendolo Sforza).

주었다는 것은 사실이다. 그러나 내가 보기에는, 이 경우에 피렌체인들은 운이 좋았을 뿐이다. 위협이 될 만한 유능한*virtuosi* 지휘관들 중에서, 몇몇은 전쟁에서 승리를 거두지 못했고, 몇몇은 저항에 직면했고, 다른 일부는 야심을 다른 곳으로 돌렸기 때문이다. 승리를 거두지 못한 지휘관은 조반니 아우쿠트[7]였는데, 승리하지 못했기 때문에 그의 충성심을 확인할 방법은 없다. 하지만 그가 승리를 거두었다면 피렌체인들은 그의 재량에 맡겨졌을 것이라는 데에 모든 사람이 동의할 것이다. 프란체스코 스포르차는 항상 브라초의 추종자들[8]과 대립하고 있었고, 그래서 그들은 서로를 견제했다. 그래서 프란체스코는 그의 야심을 롬바르디아로 돌렸고, 브라초는 교회와 나폴리 왕국으로 방향을 돌렸다.

그런데 얼마 전에 일어난 일로 눈을 돌려보자. 피렌체인들은 파올로 비텔리를 지휘관으로 임명했는데, 그는 사적인 시민에서 큰 명성을 얻는 데 성공한 아주 분별 있는 인물이었다. 만일 이 사람이 피사를 점령했더라면, 피렌체인들은 그와 계속해서 관계를 유지해야만 했을 것이라는 점은 누구도 부정할 수 없다.

---

7 Giovanni Aucut. 잉글랜드 출신 용병 대장 존 호크우드(John Hawkwood)의 이탈리아식 이름이다.

8 원문은 브라체시(Bracceschi). 브라체시는 브라초 다 몬토네(Braccio da Montone)라고 알려진 안드레아 포르테브라초(Andrea Fortebracci)의 추종자를 뜻한다.

왜냐하면 만일 그가 적군으로 넘어간다면 피렌체인들은 저항할 수단이 없게 될 것이기 때문이었다. 그러나 그를 계속 고용했다면 피렌체인들은 그가 군주가 되는 것을 막지 못해 그에게 복종해야만 했을 것이다.[9]

그리고 베네치아인들로 주의를 돌려 그들이 이룬 성취를 생각해보면, 그들이 자신들의 군대로 전쟁을 수행하는 동안에는 안전하고 영예롭게 행동했다는 사실을 알게 될 것이다. 귀족과 무장한 평민 모두 용맹스럽게 싸웠는데, 이것은 내륙에서 전투가 벌어지기 전이었다. 그러나 내륙에서 전투가 시작되자, 그들은 이 능력$_{virtù}$을 내던지고 용병을 고용하는 이탈리아의 관습을 따랐다. 그들이 내륙으로 영토를 확장하던 초기에는, 영토도 넓지 않았고[10] 명성은 높았기 때문에, 용병 대장들을 두려워할 이유가 거의 없었다. 그러나 카르마뇰라[11]의 지휘 아래에서 반도 내륙으로 영토를 확장하면서, 그들은 이 용병 문제에 직면했다. 베네치아인들은 그의 지휘 아래서 밀라노 공작을 쳐부쉈는데, 이로써 그들은 카르마뇰라가 아주 유능한$_{virtuoso}$ 지휘관이

---

9   파올로 비텔리(Paolo Vitelli)는 1498년 피사 포위 공격에서 피렌체 군대를 지휘했다. 성벽을 부순 후 너무나 신중하게 행동하다가 피사 점령에 실패했다. 이에 피렌체인들은 그의 배신을 의심했고, 그래서 체포해 바로 처형했다.

10   용병들 욕심을 낼 만한 영토가 없었다는 뜻이다.

11   카르마뇰라 백작이라고 불린 용병으로, 프란체스코 부소네(Francesco Bussone)다.

라는 사실을 알게 되었다. 그러나 그들은 또한 그가 전쟁에 대한 열의를 잃고 미온적으로 변했다는 사실도 알게 되었다. 그래서 그들은 그가 승리를 원하지 않으므로 그의 지휘 아래서는 더는 정복할 수 없다고 판단했지만, 그렇다고 그를 해고할 수도 없었다. 그리하여 그가 다른 쪽으로 가버리면 그들은 지금까지 획득한 모든 영토를 잃어버릴 위험이 있기 때문이었다. 그래서 그들은 안전을 확보하기 위해서 그를 죽여야만 했다. 그 후에 그들은 바르톨로메오 다 베르가모,[12] 로베르토 다 산세베리노,[13] 피틸리아노 백작[14] 같은 인물들을 지휘관으로 고용했다. 그런데 이들의 지휘 아래서는 베네치아인들은 승리에 따른 위험을 두려워하는 것이 아니라, 패배에 따른 위험을 두려워해야 했다. 바일라에서 일어난 일이 바로 그런 것이었다. 그곳에서 벌어진 전투로 베네치아인들은 800년에 걸쳐 어렵게 획득한 것을 단 하루 만에 잃고 말았다. 이렇듯 용병들이 가져다주는 이익은 느리고 뒤늦고 미미하지만, 그들이 초래하는 손실은 갑작스럽고 기겁할 만하다. 이러한 사례는 모두 수 년 동안 용병의 지배를 받아온 이탈

---

12 바르톨로메오 콜레오니(Bartolomeo Colleoni)로 앞에서 언급한 1448년 카라보조 전투 때 베네치아 군대의 지휘관이었다.

13 로베르토 다 산세베리노(Ruberto da Sanseverino)는 페라라와 싸울 때 베네치아 군대를 지휘했다. 2장에서 언급되었다.

14 니콜로 오르시니(Niccolò Orsini)로 바일라 전투(3장의 옮긴이 주 12를 볼 것)에서 프랑스 군대에 패배했다.

리아와 관련된 것이다. 그래서 나는 이 문제를 좀더 폭넓은 관점에서 논의하고 싶다. 그리하여 그것의 기원과 발전 과정을 추적할 수 있다면, 해결책을 찾기가 훨씬 수월해질 것이기 때문이다.

기억해야 할 것은 최근 이탈리아에서는 제국[15]이 그 세력을 상실하기 시작했고, 교황이 더 큰 세속 권력을 획득했으며, 그래서 이탈리아는 더 많은 국가로 쪼개어졌다는 사실이다. 다수의 대도시가 그들의 귀족에 맞서 무기를 들었는데, 예전에 귀족들은 황제의 지원을 받으면서 그들을 억압하고 있었다. 반면 교회는 세속 권력을 얻기 위해 반란자들의 편에 섰다. 그 밖의 여러 도시에서는 시민들이 군주가 되었다. 그 결과 이탈리아의 대부분은 교회와 공화국들의 수중에 들어가게 되었다. 그리고 교회는 성직자로 구성되고 공화국은 민간인으로 구성되는데, 이들은 모두 전쟁 경험이 없기 때문에 외부인을 고용하기 시작했다. 이러한 군대에 명성을 부여한 첫 번째 인물은 로마냐 출신의 알베리고 다 코니오[16]였다. 이 인물에게서 훈련받은 사람들 중에는 부라초와 스포르차가 있는데,[17] 이들은 그 당시에 이탈리아의 운

15　신성 로마 제국.

16　코니오 백작 알베리고 다 바르비아노(Alberigo 또는 Alberico da Barbiano). 1377년에 이탈리아 사람들로 구성된 첫 번째 용병회사인 'Compagnia di San Giorgio'를 창설했다.

17　이 장의 옮긴이 주 6과 8을 볼 것.

명을 결정지었다. 이들 이후에 다른 모든 용병 대장들이 등장하여 우리 시대까지 이르렀다. 그리고 그들의 재능*virtù*이 가져온 결과는 샤를에게 침략당하고, 루이에게 강탈당하고, 페르난도에게 유린당하고, 스위스인들에게 모욕당하는 것이었다.[18]

용병 대장들의 첫 번째 전략은 보병에 대한 평판을 깎아내리고 자신들의 중요성을 증대시키는 것이었다. 그들이 이렇게 한 이유는, 자신들은 영토도 없고 고용되어 생계를 유지하고 있으므로 많은 병사를 먹여 살리기는 불가능해 그 수가 적어야 하지만, 소수의 보병으로는 자신들의 위신을 증대시키기가 어렵다는 점에 있었다. 그래서 그들은 전적으로 기병에 의존하고, 먹고 살기 적절한 수의 병력을 유지하면서 명예를 얻었다. 그리하여 2만 명의 병사가 있는 군대에서 보병은 2천 명도 안 되는 지경에 이르렀다. 게다가 그들은 자신과 병사들의 피로와 위험을 줄이기 위해 온갖 기술을 사용했다. 전투 중에 서로를 죽이기보다는 포로로 잡았으며, 그 다음에는 몸값도 요구하지 않고 풀어주었다. 포위 공격 때에도 야간에는 도시를 공격하지 않았으며, 도시를 지키는 용병들도 밤에는 포위하고 있는 군대의 야영지를 공격하지 않았다. 야영을 할 때 그들은 야영지 주변에 방책을 쌓거나 도랑을 파지 않았고, 겨울에는 군사 작전에 나서지 않았다.

---

18 프랑스왕 샤를 8세와 루이 12세, 아라곤(에스파냐)의 페르난도 2세.

이 모든 것이 피로와 위험을 피하기 위해 고안되었고 군대 규율로 허용되었다. 그리하여 그들은 이탈리아를 노예 상태에 처하게 만들고 경멸의 대상이 되게 만들었다.

13장

원군, 혼합군, 자신의 군대

원군은 또 하나의 쓸모없는 군대인데, 당신이 외부의 어떤 세력가에게 당신을 도와 당신의 도시를 방어해줄 것을 요청할 때 그 세력가가 이끌고 온 군대다. 아주 최근에 교황 율리오가 바로 이런 군대를 이용했다. 그는 페라라에 대한 군사 작전을 수행하면서[1] 자신의 용병 부대가 너무나 형편없다는 사실을 알게 되었고, 그래서 원군에 의존하는 것으로 방향을 바꿔, 에스파냐의 왕 페르난도[2]와 합의해 그의 부하들과 군대의 도움을 받기로 했다. 이

---

1 2장과 11장에서 언급되었다.

2 아라곤의 페르난도 2세로 카스티야의 페르난도 5세, 나폴리의 페르디난도 3세, 시칠리아의 페르디난도 2세 등으로 불린다.

러한 군대는 그 자체로는 유용하고 훌륭할 수 있지만, 불러들인 사람에게는 거의 언제나 해를 입힌다. 만약 그들이 패배한다면 당신은 파멸하고, 승리한다면 당신은 그들의 포로로 전락하기 때문이다.

고대 역사에는 이런 사례가 아주 풍부하지만, 나는 아직도 생생한 교황 율리오 2세의 최근 사례를 그냥 넘기고 싶지 않다. 그는 자신의 결정에 내포된 위험은 제대로 인식하지 못했는데, 페라라를 얻고 싶어서 외국 군대에 완전히 자신을 맡기는 결정을 내렸던 것이다. 그러나 그의 좋은 운*fortuna*이 제3의 사건을 초래해, 그는 무모한 선택이 낳을 수 있었던 안 좋은 결과를 피할 수 있었다. 그의 에스파냐 원군이 라벤나에서 패배를 당했지만,[3] 교황 자신을 포함해 아무도 예상하지 못했던, 스위스인들이 들고 일어나서 프랑스 정복자들을 몰아냈던 것이다. 이렇게 율리오는 적들이 패주하는 바람에 적의 포로가 되지 않고, 원군이 아닌 다른 군대가 그에게 승리를 안겨 주었기 때문에 원군의 포로도 되지 않았다. 한편 피렌체인들은 군대를 전혀 가지고 있지 않았으므로, 피사를 정복하기 위해 1만 명의 프랑스 병사를 파견했다. 이 결정으로 그들은 역사 전반을 통해 그들이 경험했던 그 어떤 고난보다 더 큰 위험에 노출되었다. 콘스탄티노플의 황제

---

3 1512년의 라벤나 전투. 3장 옮긴이 주 7을 볼 것.

는 이웃 나라들에 맞서 싸우기 위해 1만 명의 튀르크 군사를 그리스로 끌어들였는데,[4] 전쟁이 끝나고도 튀르크 군대는 그곳을 떠나려 하지 않았다. 이것이 바로 그리스가 이교도들에게 예속된 시발점이었다.

그러므로 승리를 원하지 않는 사람은 이런 군대를 사용하면 된다. 원군은 용병보다 훨씬 더 위험하기 때문이다. 그 이유는 이렇다. 원군을 이용하면 필연적으로 파멸이 뒤따른다. 그들은 굳게 결합되어 있고, 그들 모두 당신이 아닌 다른 사람에게 복종한다. 그러나 용병 부대를 이용할 경우에는, 그들이 승리했을 때 당신에게 해를 가하기 위해서는 더 많은 시간과 더 나은 기회가 필요하다. 용병 부대는 확고하게 결합된 하나의 조직이 아니라, 당신이 선발했고, 당신이 급료를 지불하기 때문이다. 그러므로 당신이 지휘권을 부여한 제3자가 당신에게 반기를 들 수 있을 정도의 권위를 얻으려면 얼마간의 시간이 필요하다. 요약하자면, 용병 부대의 경우에 가장 위험한 것은 전투를 기피하는 그들의 소심함이고, 원군의 경우에는 그들의 결단력*virtù*이다.

그러므로 현명한 군주는 항상 용병이나 원군을 이용하는 것

---

4   1353년, 비잔틴 제국의 황제 요한네스 칸타쿠제누스(Joannes Cantacuzenus)가 그랬다.

을 피하고, 자신의 군대에 의존했으며, 다른 사람의 군대로 승리하기보다는 오히려 자신의 군대로 패하는 쪽을 택했다. 현명한 군주는 다른 사람의 군대로 얻은 승리는 진정한 승리로 생각하지 않기 때문이다. 이에 대한 사례로 나는 주저 없이 체사레 보르자와 그의 행적을 인용하겠다. 이 공작은 프랑스 병사들로만 구성된 원군을 이용하여 로마냐로 진입했고, 그들과 함께 이몰라와 포를리를 점령했다. 그러나 이후에 그는 이러한 군대는 믿을 수 없다는 사실을 깨닫고, 그들보다 덜 위험해 보이는 용병에 의존하는 쪽으로 돌아섰다. 그래서 그는 오르시니 가문과 비텔리 가문 쪽 사람들을 고용했다. 그러나 그들을 이용하면서, 그들도 역시 의심스럽고 충성스럽지 않으며 위험하다는 사실을 깨달아, 그들을 제거하고 자신의 군대에 의존했다. 공작이 프랑스 군대만 가지고 있을 때, 오르시니와 비텔리 가문을 고용했을 때, 자신의 병사들과 자신의 자원에 의존했을 때, 그의 명성에 어떤 차이가 있었는지를 비교하면, 이 군대들 사이의 차이를 쉽게 알 수 있다. 이렇게 군대의 변화가 일어날 때마다 그의 위신은 점점 더 증가했음을 볼 수 있다. 그리고 그가 그의 군대의 완전한 지배자라는 사실을 모든 사람이 알게 되었을 때보다 더 높이 평가받은 적은 없었다.

처음에 나는 이탈리아에서 일어난 최근의 사례만을 가지고 논의를 전개하려고 했지만, 앞에서 그 이름을 언급한 바도 있으므로,[5] 시라쿠사의 히에론을 다루지 않고 그냥 넘어가고 싶지는 않다. 이미 이야기했듯이, 이 사람은 시라쿠사 사람들에 의해 군대의 지휘관으로 임명되었다. 지휘관이 되고 얼마 지나지 않아 그는 자신의 군대 중에서 돈벌이가 목적인 외인 병사들의 부대, 다시 말해 오늘날 이탈리아의 용병 대장과 비슷한 사람들이 이끄는 부대가 별로 유용하지 않다는 사실을 발견했다. 그는 그들을 계속 이용할 수도 없고 해체할 수도 없다고 생각해서, 그들이 완전히 살육당하도록 내버려두었고,[6] 그 후에는 외부인의 군대가 아닌 자신의 군대로 전쟁을 수행했다. 나는 또한《구약성서》로부터 이 주제에 딱 들어맞는 사례를 하나 가져오고 싶다. 다윗이 사울에게 블레셋의 투사 골리앗과 싸우겠다고 말하자, 사울은 그의 용기를 북돋우기 위해 자신의 갑옷과 무기로 무장하게 했다. 다윗은 그것들을 착용해보고는 바로 사양하면서, 자신은 그것들을 제대로 사용할 줄 모르니, 자신의 투석기와 단검으로 대적하고 싶다고 말했다. 요컨대, 다른 사람의 갑옷과 무기는 당신에게는 너무 헐겁거나, 너무 무거워 짐이 되거나, 너무 꽉 조여 움직이지 못하게 만든다.

  루이 11세의 아버지인 샤를 7세는 자신의 운과 용맹*virtù*으로

....

5 6장.
6 시민군 부대가 다른 쪽에서 협공하는 것처럼 속이고, 용병 부대만 적지로 들여보내 모두 죽게 내버려두었다.

잉글랜드 사람들로부터 프랑스를 해방시킨 후,[7] 통치자는 자신의 군대로 무장할 필요가 있다는 것을 깨닫고, 왕국의 상비군으로 중기병과 보병을 창설하는 법령을 제정했다. 그러나 나중에 그의 아들 루이는 보병을 폐지하고 스위스 용병들을 고용하기 시작했다. 이 실책이, 연이어 일어난 몇 가지 다른 실수들과 결합되면서,[8] 프랑스 왕국을 위험에 빠뜨렸다는 사실은 이제 누가 봐도 명백하다. 스위스인들의 명성을 높여줌으로써, 그는 자기 군대 전체의 가치를 크게 손상시킨 것이다. 보병이 완전히 파괴되었기 때문에, 그의 중기병들은 다른 사람의 군대에 의존해야만 했다. 그리고 그들은 스위스인들과 함께 싸우는 것에 익숙해지면서, 스위스인들 없이는 승리할 수 없다고 생각하기에 이르렀다. 그 결과 프랑스 군대는 스위스인들에게 저항할 수 없게 되었고, 스위스인들 없이는 다른 누구와도 싸워 이기기 어려운 상태에 이르게 되었다. 그리하여 프랑스 군대는, 일부는 용병이고 일부는 자신의 군대로 구성된 혼합군이 되었다. 이러한 혼합군은 순전히 용병으로만 구성된 군대나 원군으로만 구성된 군대

7 샤를 7세(Charles Ⅶ)가 재위할 때 백년전쟁(1337~1453)이 끝났다.

8 이 문장의 해석은 영어본에 따라 크게 두 가지로 나뉜다. '다른 실수들이 뒤따랐다'고 해석하는 판본이 있는가 하면, '다른 군주들이 따라했다'고 해석하는 판본도 있다. 이탈리아어로는 "*seguitato dalli altri*"인데, 이를 영어로 옮기면 'followed(continued) by others' 정도가 된다. 'others'를 '실수'로 보느냐 '군주'들로 보느냐 하는 것인데, 바로 앞에 나온 'error'를 받는 것으로 해석해야 할 것 같다.

보다는 훨씬 낫지만, 자체의 군대보다는 훨씬 열등하다. 프랑스의 상황이 이 점을 잘 보여준다. 샤를의 군사 제도가 확대되거나 유지되었다면 프랑스 왕국은 누구도 꺾을 수 없는 무적이 되었을 것이기 때문이다. 그러나 지혜의 부족으로 인하여, 사람들은 그 안에 숨어 있는 독을 인식하지 못하고, 그저 지금 당장 좋아 보이는 일을 시작한다. 이는 내가 앞에서 폐결핵에 대해 이야기한 것과 마찬가지다.[9]

따라서 악폐가 군주국 내부에서 형성되고 있을 때 그것을 발견하지 못한다면, 그는 진정으로 현명한 군주가 아니다. 아주 소수 사람들만이 이러한 재능을 지닌다. 그리고 로마 제국이 몰락하게 된 첫 번째 원인에 대해 생각해본 사람이라면, 그것이 고트족을 용병으로 고용하면서 시작되었다는 사실을 알게 될 것이다. 그 순간부터 로마 제국의 힘은 쇠퇴하기 시작했다. 로마 제국에서 빠져나간 모든 활력*virtù*이 고트족으로 흘러들었기 때문이다.

그러므로 나는 다음과 같이 결론 내리겠다. 자체의 군대 없이는 어떠한 군주국도 안전하지 못하다. 안전하기는커녕, 위기에 처했을 때 충실하게 국가를 방어할 역량*virtù*이 없기 때문에, 전적으로 운에 의존해야 한다. 그리고 "자신의 힘에 기초하지 않

---

9 3장.

은 권력에 대한 명성만큼 불확실하고 불안정한 것은 없다"[10]는 것이 지금까지 항상 현명한 사람들의 의견이고 판단이었다. 자신의 군대라는 것은 백성이나 시민이나 종속민들로 구성된 군대이고, 그 밖의 다른 모든 군대는 용병이거나 원군이다. 그리고 자신의 군대를 조직하는 방법은, 내가 바로 앞에서 논의한 네 사람이 사용한 군사 제도를 주의 깊게 검토한다면,[11] 그리고 알렉산드로스 대왕의 아버지 필리포스를 비롯하여 여러 공화국과 군주들이 어떻게 군대를 조직하고 배치했는지를 이해한다면, 쉽게 알 수 있다. 나는 이러한 제도들을 전폭적으로 지지한다.

....

10   타키투스(Publius Cornelius Tacitus)가 쓴 《연대기(*Annals*)》 13권 19장에 나온 문장으로, 원문에서 단어 몇 개를 생략하고 인용한 것이다.

11   13장에서 논의한 체사레 보르자, 히에론, 샤를 7세, 다윗을 가리킨다.

14장

군대와 관련하여 군주가 해야 할 일

군주는 전쟁, 군사 조직, 군사 규율 외의 다른 어떤 것을 목적으로 삼거나 생각해서는 안 되며, 또 다른 소질을 계발하려고 해서도 안 된다. 이것이야말로 지휘하는 사람에게 적합한 유일한 기예다. 그리고 그것은 아주 강력한 힘*virtù*이 있어서, 군주로 태어난 사람들로 하여금 계속해서 그 지위를 유지할 수 있게 해줄 뿐 아니라, 종종 사적인 지위에 있던 사람들이 군주의 지위에 오를 수 있게 해주기도 한다. 이와는 반대로 군주들이 무기보다는 삶을 치장하는 데 더 신경을 썼을 때, 그들은 자신의 지위를 잃고 말았다는 사실을 발견한다. 당신이 그것을 상실하게 되는 주요한 원인은 이 기예를 소홀히 하는 것이며, 당신으로 하여금 그것을 획득할 수 있게 해주는 것도 이 기예에 정통하는 것이다.

프란체스코 스포르차는 자신의 군대로 잘 무장하고 있었기 때문에 사적인 개인에서 밀라노의 공작이 되었고, 그의 아들들은 군사 업무의 고충과 불편함을 회피하였기 때문에 공작의 지위를 잃고 사적인 개인들이 되었다. 군대를 가지지 않는 것이 초래하는 여러 가지 부정적인 결과 가운데 하나는, 다른 사람들이 당신을 업신여기게 된다는 것인데, 나중에 보겠지만,[1] 이것은 군주가 주의해야 할 수치스러운 일들 가운데 하나다. 자신의 군대로 무장한 사람과 무장하지 않은 사람은 비교조차 되지 않는다. 그래서 무장한 사람이 무장하지 않은 사람에게 기꺼이 복종한다는 것은 이치에 맞지 않는다. 또한 무장하지 않은 사람이 무장한 부하들 사이에서 안전을 유지한다는 것도 이치에 맞지 않는다. 한쪽[2]은 경멸을 품고 있고 다른 한쪽은 의심을 품고 있으므로, 그들이 함께 일을 잘 하기는 가능하지 않을 것이기 때문이다. 그래서 군사 문제를 이해하지 못하는 군주는, 이미 이야기한 다른 불행들은 제쳐놓더라도, 자신의 병사들에게 존경을 받을 수도 없고, 그들을 신뢰할 수도 없다.

그러므로 군주는 전쟁에 대해 생각하고 그것에 대비하는 일

1 19장.
2 무장하고 있는 쪽.

을 절대로 멈춰서는 안 되며, 전시보다도 평시에 훨씬 더 그것에 몰두해야 한다. 그는 이것을 두 가지 방식으로 할 수 있다. 하나는 행동으로 하는 것이고, 다른 하나는 정신으로 하는 것이다. 행동에 관해서 이야기하자면, 자신의 부하들을 잘 조직하고 훈련시키는 것뿐 아니라, 계속해서 사냥에 나서야 한다. 그렇게 함으로써 그는 고된 일에 자신의 신체를 적응시킬 수 있고, 한편으로는 지형의 특성을 터득하게 된다. 다시 말해, 산이 어떻게 솟아 있고, 골짜기가 어떻게 전개되고, 평야가 어떻게 펼쳐지는지 알아내고, 강과 습지의 특성을 이해하게 되는데, 그는 이 모든 것에 최대한 관심을 기울여야 한다. 이러한 지식은 군주에게 두 가지 방식으로 도움이 된다. 첫째, 그는 자신의 영토에 대해 알게 되고, 그리하여 그것을 어떻게 방어해야 할지 더 잘 이해할 수 있게 된다. 둘째, 그런 장소들에 대한 지식과 경험을 통해서, 그는 나중에 새롭게 탐구해야 할 필요가 생길 수도 있는 다른 장소들도 쉽게 이해할 수 있다. 예를 들어, 토스카나의 언덕, 골짜기, 평야, 강, 습지는 다른 지방의 그것과 아주 유사하기 때문에, 한 지방의 지형에 대한 지식이 있으면 다른 지방의 지형의 특징도 쉽게 파악할 수 있다. 이 능력을 지니지 못한 군주는 지휘관에게 필요한 가장 중요한 요소를 지니지 못한 것이다. 왜냐하면 이러한 능력을 갖춘다면 전투시에 자신에게 유리하게, 적을 발견하고, 숙영지를 결정하고, 군대를 이끌고 행군하며, 전투 계획을 수립하고, 도시를 포위하는 방법을 터득할 수 있기 때문이다.

역사가들[3]이 아카이아 사람들의 군주 필로포이멘[4]에게 바친 찬사들 가운데 하나는, 그가 태평한 시기에도 전쟁 방법 이외에 다른 것을 전혀 생각하지 않았다는 것이다. 그는 친구들과 시골에 있을 때, 종종 걸음을 멈추고 그들에게 이렇게 질문을 던지곤 했다. "적들이 저 언덕 위에 있고 우리는 군대와 함께 여기에 있다면, 어느 쪽이 유리할까? 어떻게 하면 진형을 흐뜨리지 않고 진군해 적과 대면할 수 있을까? 만약 우리가 여기서 후퇴하고 싶다면, 어떻게 해야 할까? 그들이 후퇴한다면, 우리는 어떻게 그들을 추격해야 할까?" 길을 걸으면서, 그는 군대가 맞닥뜨릴 수 있는 모든 상황을 친구들에게 제시하곤 했다. 그리고 그는 그들의 의견을 듣고, 자신의 의견을 말하고 근거를 들어 설명하곤 했다. 그리하여 이처럼 끊임없는 정신적 준비 작업 덕분에, 그가 군대를 이끄는 동안 대처할 방법을 모르는 예기치 못한 상황은 결코 일어날 수 없었다.

그러나 정신을 훈련하려 한다면, 군주는 모름지기 역사서를 읽어야 하며, 특히 뛰어난 인물들의 행동을 연구해야 한다. 그렇게 하여 군주는 그들이 전시에 어떻게 행동했는지를 보고, 그들

---

3 티투스 리비우스(Titus Livius)와 플루타르코스(Plutarchos).

4 필로포이멘(Philopoemen, 기원전 253~183)은 아카이아 동맹의 지도자로, '마지막 그리스인'이라고 불린다.

이 승리한 이유와 패배한 이유를 검토하여, 패배한 원인은 피하고 승리한 요인은 모방해야 한다. 그리고 무엇보다 군주는 과거에 어떤 뛰어난 인물이 했던 것처럼 행동해야 한다. 그러한 뛰어난 인물도 그보다 앞선 시기에 칭송되고 존경받았던 인물을 본보기 삼아, 그 사람의 업적과 행적을 항상 마음에 담아 두고 있었다. 사람들이 이야기하듯이, 알렉산드로스 대왕은 아킬레우스를 본보기로 삼았고, 카이사르는 알렉산드로스를, 스키피오는 키루스를 흉내 냈던 것이다. 크세노폰이 쓴 키루스의 전기[5]를 읽는 사람이라면 누구나, 스키피오가 키루스를 모방함으로써 얼마나 많은 영예를 얻었는지, 그리고 스키피오의 금욕·공손함·자애로움·관대함이 크세노폰이 키루스에 대해 쓴 것과 얼마나 많이 일치하는지를 알게 될 것이다.

현명한 군주라면 이러한 방식을 따라야 할 것이다. 그리하여 평화로운 시기라고 해서 결코 나태하지 말고, 그 시간을 부지런히 잘 활용해, 고난의 시기가 찾아왔을 때 이용할 수 있는 자원을 증대시킬 기회로 삼아야 한다. 그렇게 하면 운*fortuna*이 그에게 불리하게 변할지라도, 그는 그 충격에 맞설 준비가 되어 있는 자신을 발견하게 될 것이다.

------

5 《키루스의 교육(*Cyropaedia*)》.

15장

사람들, 특히 군주는 무엇 때문에 칭송되거나 비난받는가

이제 군주가 자신의 백성과 친구들을 대할 때 어떤 방법과 어떤 절차를 취해야 할지 알아보는 일이 남았다. 많은 사람들이 이미 이에 대해 글을 쓴 바 있다는 사실을 알고 있는데, 내가 또 다시 이것을 설명한다는 것이 주제넘게 보이지는 않을지 걱정이다. 특히 내가 이야기하려는 것이 다른 사람들이 이야기한 것과 큰 차이가 있기 때문에 더욱 그러하다. 하지만 나의 의도는 내 말을 이해하는 사람이라면 누구에게나 유용할 만한 것을 쓰려는 것이므로, 사람들이 그 문제에 대해 상상해왔던 것을 반복하기보다는 구체적 진실로 바로 넘어가는 것이 더 적절해 보인다. 지금까지 많은 저자들이 직접 경험해본 적도 없고 실제로 존재하지도 않은 공화국[1]과 군주국을 상상으로 생각해왔다. 사람들이 실제 어떻게 살아가는가와 어떻게 살아야 하는가 사이에는 큰 차이가 있다. 그래서 사람들이 어떻게 행동하는지를 고려하지 않고 어떻게 행동해야 하는가 만을 생각하는 사람은 자신을 보존하기보다는 파괴하고 말 것이다. 왜냐하면 대부분의 사람이 선하지 않은 세상에서 언제나 선하게 행동하려고 하는 사람은 얼마 못 가서 파멸하고 말 것이기 때문이다. 따라서 자신을 보존하고자 하는 군주는 선하지 않게 행동하는 방법을 배워서, 필요에 따라 이것을 사용하거나 사용하지 않아야 한다.

그러므로 사람들이 군주에 대해 상상해왔던 것들은 제쳐놓고 그 대신 실재하는 것에 집중하려고 한다. 그런데 우리가 사람들을 이야기할 때, 특히 다른 사람보다 높은 위치에 있는 군주를 이야기할 때, 우리가 초점을 맞추는 것은 비난을 초래하거나 칭찬을 초래하는 그들이 지닌 성질이다. 그래서 어떤 사람은 인심이 후하고 또 어떤 사람은 인색하다(내가 사용한 이 낱말은 토스카나어에서 가져온 것인데, 우리말에서 '아바로*avaro*'는 남의 것을 빼앗아서라도 소유하고자 하는 사람을 가리키지만, 이 '미제로*misero*'라는 말은 자

---

1 이탈리어로는 "*verità effettuale*"이다. 영역자에 따라 이것을 'real truth'로 옮기기도 하고 'effectual truth'로 옮기기도 한다. 전자는 '상상'과 대립하는 개념으로 '실제적 진실'이라면, 후자는 진실 그 자체가 아니라 실천적으로 의미 있는 진실을 강조하는 번역이다. '유효한 진실'이라고 할 수 있다.

신이 가진 것을 쓰는 것을 심하게 꺼리는 사람을 가리키기 때문이다)[2]고 평가되고, 어떤 사람은 잘 베푸는 사람이라 하고 또 어떤 사람은 탐욕스럽다 하며, 어떤 사람은 잔인하다 하고 또 어떤 사람은 인정이 많다 하며, 어떤 사람은 신의가 없다 하고 또 어떤 사람은 신의가 있다 하며, 어떤 사람은 나약하고 겁이 많다 하고 또 어떤 사람은 대담하고 기백이 넘친다 하며, 어떤 사람은 친절하다 하고 또 어떤 사람은 거만하다 하며, 어떤 사람은 음탕하고 또 어떤 사람은 정숙하다 하며, 어떤 사람은 정직하다 하고 또 어떤 사람은 교활하다 하며, 어떤 사람은 고집스럽다 하고 또 어떤 사람은 무르다 하며, 어떤 사람은 엄숙하다 하고 또 어떤 사람은 경솔하다 하며, 어떤 사람은 경건하다 하고 또 어떤 사람은 신앙심이 없다 하는 등 다양하게 평가된다. 그리고 군주가 지금 언급한 성질들 중에서 좋다고 평가되는 것을 모두 지니고 있다면, 이는 칭송할 만한 일이라는 것에 모두가 동의하리라고 확신한다. 하지만 삶의 여러 조건으로 군주는 그런 성질 전부를 완벽하게 지닐 수도 없으며 일관되게 유지할 수도 없다. 그래서 군주는 자신의 지위를 앗아갈 수도 있는, 나쁜 성질이 초래하는 오명을 피하기 위해 조심해야 한다. 또한 권력을 앗아갈 정도는 아닌 나쁜 성질이라도, 그것 또한 가능하면 피해야만 한다. 그러나 그럴 수

---

2 아바로는 '탐욕스럽다', 미제로는 '인색하다'는 의미다.

없다면, 그런 성질에 너무 신경 쓸 필요는 없다. 그리고 그것 없이는 권력을 유지하기 어려운 악덕으로 인해 오명을 얻는 것에 개의치 말아야 한다. 모든 것을 신중하게 고려해볼 때, 도덕적으로 올바른 것*virtù*처럼 보이지만 그것을 따르면 파멸에 이르게 되고, 도덕적으로 잘못인 것처럼 보이지만 그것을 따르면 안전과 번영을 가져다주는 일이 항상 일어날 것이기 때문이다.

16장

후함과 인색함

앞에서 언급한 성질들 가운데 첫 번째 것으로 이야기를 시작하자면, 후하다는 평판을 듣는 것이 좋다고 말할 수 있다. 그럼에도 그저 후하게만 보일 정도로 후하다면, 그것은 당신에게 해가 될 것이다. 진정으로 좋은 의도로, 그리고 마땅히 그래야 하는 것처럼 후함이 사용된다면, 아무도 그것을 인지하지 못할 것이고, 오히려 당신은 인색하다는 오명을 피하지 못하게 될 것이다. 그러므로 사람들 사이에서 후하다는 평판을 유지하고자 한다면, 가능한 모든 수단을 동원해 호화로움을 과시해야만 한다. 따라서 이러한 성향을 지닌 군주는 자신의 모든 재산을 이와 같은 일을 하는 데 써버리고 말 것이다. 그리고 후한 사람이라는 평판을 계속해서 유지하고자, 결국 인민에게 과도한 부담을 지우고, 가혹하게 징수하며, 돈을 획득하기 위해 그가 할 수 있는 모든 것을 해야만 할 것이다. 이 때문에 그는 곧 백성들의 미움을 사기 시작할 것이고, 그가 점점 가난해짐에 따라 아무도 그를 존경하지 않게 될 것이다. 이렇게 그의 후함으로 인해 피해는 많은 사람이, 혜택은 소수만 보기 때문에, 그는 초기의 가벼운 불안 요소들에도 매우 취약하며, 어떤 형태든지 첫 번째 실질적인 위험이 닥치면 그냥 무너지고 말 것이다. 그리고 그가 이것을 깨닫고 행동 방식을 바꾸려고 하면, 그 즉시 인색하다는 비난을 받게 될 것이다. 그러므로 군주는 세상 사람들이 알고 있는 것처럼 자신에게 해를 끼치는 일 없이, 이 후함이라는 덕*virtù*을 행사할 수 없다. 그래서 분별 있는 군주라면 인색하다는 평판을 듣는 것에 개의치 말아야 한다. 시간이 흘러 그의 구두쇠 같은 행동으로 수입이 충분해지고, 그래서 어떤 적이 쳐들어와도 방어할 수 있으며, 인민에게 부담을 지우지 않고도 군사 행동에 착수할 수 있다는 것을 사람들이 알게 되면, 그는 점차 더욱 후하다는 평판을 얻게 될 것이기 때문이다. 그리하여 그가 아무것도 빼앗지 않은 모든 사람들에게는 후하고, 아무것도 베풀어주지 않은 사람들에게는 인색한 사람이 될 것인데, 전자는 셀 수 없이 많고 후자는 소수에 지나지 않는다.

우리 시대에 위대한 업적을 이룬 이들은 모두 인색하다는 평판을 들었던 사람들이다. 그렇지 않는 사람들은 모두 실패했다. 교황 율리오 2세는 교황의 지위에 오르기 위해서 후하다는 평판을 이용했지만, 교황이 된 후에는 전쟁을 수행할 능력을 키우기 위해서 그런 평판에 신경을 쓰지 않았다. 현재의 프랑스왕[1]은 자신의 백성들에게 추가적인 세금 부담을 지우지 않고도 여러 차례 전쟁을 치렀는데, 이는 그가 오랫동안 계속된 경비 삭감 조치로 추가적인 전쟁 경비를 메웠기 때문에 가능한 일이었다. 현재의 에스파냐왕[2]이 후하다는 평을 들었다면, 그렇게 많은 전쟁에 착수하거나 그것을 승리로 이끌지 못했을 것이다. 그러므로 군주가 그것을 통해서 백성들에게서 강탈하지 않을 수 있고, 자기

....

1 루이 12세. 하지만 이 부분은 영역본들뿐 아니라 이탈리아어 판본들 사이에도 차이가 있다. 그리고 그에 따라 의미가 크게 달라진다. 하나는 "…… to make war. The present King of France has waged many wars ……"이고, 다른 하나는 "…… to make war on the King of France; and he made many wars ……"이다. 앞의 것은 "(교황이 된 후에는) 전쟁을 벌이기 위해 ……. 현재의 프랑스왕은 여러 전쟁을 …… 치렀다" 정도이고, 뒤의 것은 "프랑스왕과 전쟁을 벌이기 위해 ……. 그리고 그는 여러 전쟁을 …… 치렀다"이다. 뒤의 것을 따를 때, '그'는 루이 12세가 아니라 교황 율리오 2세가 된다. 두 가지 판본 중에서 전자를 채택해 번역한 이유는 다음과 같다. 율리오 2세는 1503년에 교황에 즉위해 1513년 2월에 사망했다. 그런데 1508년에 프랑스와 동맹을 맺었다가 1511년 여름 이후에 프랑스와 전쟁 상태에 들어간다. 따라서 후자를 따르면 프랑스와 대립하기 이전의 전쟁들과 교황 재위 기간 대부분이 설명이 안 되는 문제가 있다. 그리고 뒷 문장의 주체가 루이 12세인지 율리오 2세인지 하는 문제에서도, "백성들에게 과도한 세금을 부과하지 않은" 인물을 루이 12세로 보는 것이 더 적절해 보인다. 루이 12세는 그의 재정 개혁 덕분에 이탈리아 원정을 비롯해 수많은 전쟁을 치르면서도 재정상의 문제를 겪지 않은 것으로 유명하다. 그리고 그는 '인민의 아버지'라고 불릴 정도 백성들 사이에서 인기가 높았다.

2 가톨릭왕이라고 불리는 아라곤의 페르난도 2세.

자신을 방어할 수 있으며, 가난해져서 멸시당하지 않을 수 있으며, 어쩔 수 없이 탐욕을 부려야 하는 상태로 전락하지 않을 수 있다면, 인색하다는 평판을 얻는 것에 조금도 개의치 않아야 한다. 바로 이것이 그가 군주로서 통치하는 것을 가능하게 해주는 악덕 중 하나다.

누군가 다음과 같이 이의를 제기할지도 모르겠다. "카이사르는 후함을 통해 로마 제국을 얻었고, 다른 여러 사람들도 후하게 행동했고 또 그렇다는 평판을 들었기 때문에 최고의 지위에 오를 수 있었다." 그렇다면 나는 이렇게 답하겠다. 당신이 이미 군주의 자리에 올랐는지, 아니면 군주의 지위를 획득하려고 하는 중인지에 따라 다르다. 첫 번째 경우라면 이 후함은 해롭고, 두 번째 경우에는 후하다는 평판을 듣는 것이 매우 필요하다. 카이사르는 로마 군주 자리를 차지하려고 했던 많은 사람들 가운데 한 명이었다. 하지만 그가 그 자리에 오른 후에 죽지 않고 살아남아서, 계속해서 지출을 절제하지 않았다면, 그의 권력은 파괴되고 말았을 것이다. 그러면 누군가 이렇게 대꾸할지도 모르겠다. "많은 군주들이 매우 후하다는 평가를 들었지만, 군대를 이용해 위대한 업적을 이루었다." 이에 대해 나는 이렇게 답하겠다. 군주가 자기 자신과 자기 백성의 재산을 소비하는지, 아니면 다른 사람들의 재산을 소비하는지에 따라 다르다. 첫 번째 경우에 군주는 절약해야 하고, 두 번째 경우에는 후함을 발휘할 기회를 놓쳐서는 안 된다. 군대를 지휘하면서 전리품과 약탈과 강탈로 살아가는 군주는 다른 사람의 것을 다루는 것이므로, 이 경우에는 후함을 발휘하는 것이 필요하다. 그렇게 하지 않으면 병사들이 따르지 않을 것이다. 당신이나 당신의 백성의 것이 아닌 재산에 대해서는 마음껏 퍼줄 수 있는데, 키루스,[3] 카이사르, 알렉산드로스가 그렇게 했다. 다른 사람의 것을 후하게 쓴다고 해서 당신에 대한 평판이 나빠지지는 않다. 아니 오히려 명성이 오르게 된다. 당신에게 해를 끼치는 것은 당신 자신의 것을 낭비할 때뿐이다.

후함만큼 그 자체를 소진시키는 것은 없다. 당신이 후함을 사용하는 동안에도 계속해서 당신은 그 능력을 상실해가고 있다. 그래서 빈곤에 처하게 되어 그 때문에 멸시당하거나 아니면 빈곤을 피하기 위해 탐욕스럽고 혐오스럽게 변하게 된다. 군주는 그 무엇보다도 멸시당하거나 미움을 사지 않도록 경계해야 하는데, 후함은 당신을 이 두 가지로 인도한다. 그러므로 후하다는 평판을 얻으려고 하다가 결국에는 탐욕스럽다는 평판을 듣게 되어, 미움을 받으면서 비난도 받게 되는 것보다는, 인색하다는 평판을 얻어 비난을 받을지라도 미움을 사지는 않는 편이 훨씬 더 지혜롭다.

....

3 6장과 14장에서 언급되었다.

17장

잔인함과 동정심, 두려움의 대상이 되는 것과 사랑받는 것 중에 어느 것이 더 좋은가

계속해서 앞에서 언급한 다른 성질들에 대해 살펴보려고 하는데, 나는 모든 군주가 잔인하다고 평판이 나기보다는 동정심이 있다고 여겨지기를 바라야 한다고 생각한다. 그렇지만 그는 이동정심을 잘못 사용하지 않도록 주의해야 한다. 체사레 보르자는 잔혹하다고 여겨졌다. 그럼에도 그의 잔인함이 로마냐의 질서를 회복하고 통합을 이루어냈으며, 그 지역을 평화롭고 충성스럽게 만들었다. 이 일을 잘 생각해보면, 잔인하다는 평판을 피하기 위해 피스토이아가 파괴되는 것을 그대로 방치했던 피렌체 사람들보다 그가 훨씬 더 동정심이 많았음을 알게 될 것이다.[1] 그러므로 군주는 백성들의 통합과 충성을 유지하는 것이 문제가 될 때는 잔인하다는 평판을 듣는 것에 개의치 말아야 한다. 그는 몇 차례 가혹하게 본보기를 보임으로써, 지나친 동정심으로 무질서를 유발해 살인과 약탈이 성행하게 만드는 군주보다 자신이 더 동정심이 많다는 것을 보여줄 수 있을 것이기 때문이다.[2] 무질서에 따른 살인과 약탈은 공동체 전체에 해를 끼치는 경향이 있지만, 군주에 의한 처형은 관련된 개인에게만 영향을 미친다. 그리고 모든 군주들 중에서도, 새로운 군주가 잔인하다는 평판을 모면하기는 불가능한데, 새로운 국가에는 위험한 일이 만연하기 때문이다. 그리하여 베르길리우스는 여왕 디도의 입을 빌려서 이렇게 말한다. "상황은 어렵고 내 왕국은 새로운 것이어서, 나는 어쩔 수 없이 이런 조치를 취했으며, 그리하여 나의 이 넓은 영토를 지켰노라."[3]

그럼에도 그는 너무 쉽게 믿고 너무 성급하게 행동하지 말아야 하며, 그렇다고 아무것도 아닌 일에 지나치게 겁을 먹어서도 안 된다. 그리고 분별력과 자애를 간직한 채로 차분하게 일을 진행해야 하며, 지나친 확신으로 경솔하게 행동하지도 말고 지나

---

1   피스토이아인들은 두 개의 파벌로 분열되어 심각하게 싸웠다. 피렌체인들이 이 도시를 통제하고 있었으나, 그들은 도시 내부 문제에 깊이 개입하기를 꺼렸다. 피스토이아의 내부 분열은 20장에서 다시 언급된다.

2   지나친 동정심으로 무질서를 유발하는 군주보다는 가혹한 본보기를 몇 차례 보여줌으로써 질서를 유지하는 군주가 결과적으로는 더 자비로운 셈이다는 의미다.

3   베르길리우스, 《아이네이스(*Aeneis*)》 1권, 563~64행.

친 불신으로 자기 자신을 견딜 수 없게 만들지도 말아야 한다.[4]

　이로부터 다음과 같은 논쟁거리가 출현한다. 두려움의 대상이 되는 것보다 사랑받는 것이 나은가 아니면 사랑받는 것보다 두려움의 대상이 되는 것이 좋은가? 사람들은 둘 다이고 싶다고 답할 것이다. 그러나 이 두 가지 성질이 조화를 이루기는 어렵기 때문에, 한 가지를 선택해야 한다면, 사랑받는 것보다 두려움의 대상이 되는 것이 훨씬 더 안전하다. 왜냐하면 대부분의 사람들은 다음과 같기 때문이다. 즉, 사람들은 은혜를 모르고, 변덕스럽고, 위선과 가장에 능하고, 위험한 일은 회피하고, 득이 되는 것에는 탐욕을 부린다. 그래서 당신이 사람들에게 혜택을 베푸는 동안에는, 그들은 전적으로 당신 편이 되고, 그래서 앞에서 이야기했듯이,[5] 지금 당장 그럴 필요가 없을 때에는, 그들은 당신에게 피와 재산과 목숨과 자식들까지 바칠 것이다. 그러나 상황이 변해 진정으로 당신이 그들을 필요로 할 때가 되면, 그들은 당신에게 등을 돌릴 것이다. 사람들이 한 약속에만 전적으로 의존하고 다른 대비책을 강구하지 않는 군주는 몰락하고 만다. 정신의 위대함과 고결함을 통해서 얻은 것이 아니라 돈으로 산 우

4　'지나친 자신감'과 '지나친 소심함'으로 옮길 수도 있다. 그러나 본래의 의미는 다른 사람에 대한 믿음과 자신의 권력에 대한 믿음에서 나오는 자신감과 그렇지 못해서 생기는 소심함이다. 따라서 믿음이라는 말을 살려서 옮겼다.

5　9장.

정은 지불한 만큼의 가치는 있지만, 당신이 그것을 확실하게 소유했다고 할 수는 없으며, 필요할 때 의지할 수도 없다. 그리고 사람들은 자신들이 두려워하는 사람보다 사랑하는 사람에게 해를 가할 때 덜 주저한다. 사랑은 보답이라는 끈으로 유지되는데, 인간은 비열한 존재라서, 자기만의 이익을 챙길 수 있는 기회가 생길 때마다 이 끈은 끊어지고 만다. 그러나 두려움은 처벌에 대한 공포에 의해 유지되는데, 처벌에 대한 공포는 결코 잊힐 수 있는 것이 아니다.

그럼에도 군주는 자신을 두려움의 대상으로 만들면서 사랑을 얻지 못한다고 해도, 미움을 받지는 않도록 해야 한다. 두려움의 대상이면서도 미움의 대상이 되지 않는 것은 충분히 가능한 일이다. 군주가 자신의 시민과 백성들의 재산, 그들의 여자에 손대지 않는다면, 미움을 받는 일은 일어나지 않을 것이다. 그리고 실제 누군가의 생명을 빼앗아야 하는 일이 생길지라도, 그는 정당한 사유와 명백한 이유가 있을 때만 그렇게 해야 한다. 하지만 무엇보다도 그는 다른 사람의 재산에 손을 대지 말아야 한다. 사람들은 아버지의 죽음은 금방 잊어버려도 아버지가 남긴 유산을 잃는 거에 대해서는 그렇지 않기 때문이다. 게다가 다른 사람의 재산을 빼앗을 구실은 결코 부족하지 않고, 약탈을 통해 살아온 군주는 다른 사람의 것을 빼앗을 이유를 항상 찾아내고 말 것이다. 반대로 누군가의 생명을 빼앗을 이유는 훨씬 더 찾기 어렵고 찾았다고 하더라도 금방 사라져버린다.

그러나 군주가 자신의 군대를 이끌고 많은 병사들을 지휘할 때는, 잔인하다는 평판을 얻는 것에 개의치 말아야 한다. 이런 평판 없이는 자신의 군대를 단결시키거나 의무에 충실하도록 만들지 못할 것이기 때문이다. 한니발의 칭찬할 만한 행위 가운데 하나는 수많은 인종으로 구성된 거대한 군대를 이끌고 다른 나라의 영토에서 전쟁을 수행했지만, 운*fortuna*이 좋을 때뿐 아니라 나쁠 때에도 한결같이 군대 내부에서 어떠한 불화도 발생하지 않았으며, 군주에 대한 반발도 일어나지 않았다는 점이다. 그의 비인간적인 잔인함 말고는 이것을 설명할 길이 없는데, 그의 수많은 다른 긍정적인 자질*virtù*과 더불어 그의 잔인함이 병사들의 눈에는 그를 존경과 공포의 대상으로 보이게 만들었다. 그 잔인함 없었다면, 그의 다른 자질만으로는 이러한 효과를 일으키기에 충분하지 못했을 것이다. 역사가들은 이 점을 충분하게 고려하지 않고서, 그의 이러한 성취를 칭송하면서도 다른 한편으로는 그런 성취를 가능하게 한 주요 원인이었던 그의 잔인함을 비난한다.

한니발의 다른 자질로는 충분하지 않았으리라는 것이 사실임을 확인하려면, 스키피오의 사례를 보면 된다. 스키피오는 그가 살던 시대뿐 아니라 역사 전체를 통해서도 찾아보기 힘든 아주 훌륭한 인물이었지만, 그의 군대는 에스파냐에서 반란을 일으켰다. 이는 그의 지나친 관대함에서 비롯한 것으로, 그의 관대함으로 그의 병사들은 군사 규율이 허용하는 것보다 더 큰 행동의 자유를 누렸다. 이 때문에 파비우스 막시무스는 원로원에서 스키피오를 질책하면서, 로마 군대를 타락시킨 자라고 비판했다. 또한 스키피오의 부관 중 하나가 로크리 사람들을 약탈했지만, 스키피오는 그 지역 사람들을 대신해 앙갚음을 해주지도 않았고, 부관의 오만한 행위도 처벌하지 않았다.[6] 이 모든 것이 그의 너그러운 성격 탓이었다. 그래서 이 사건에 대해 원로원에서 스키피오를 변호하고자 했던 어떤 사람은, 다른 사람의 실수를 바로잡는 법보다 스스로 실수를 저지르지 않는 법을 더 잘 아는 사람들이 많이 있는데, 그가 바로 그런 사람이라고 이야기할 정도였다. 스키피오가 계속해서 군대를 지휘했다면, 그의 이런 기질 때문에 결국에는 자신의 명성과 영예를 손상시키고 말았을 것이다. 하지만 그는 원로원의 통제를 받고 있었기 때문에, 이러한 유해한 성질이 드러나지 않았을 뿐 아니라, 나아가 그에게 영예를 안겨주기까지 했다.

그래서 공포의 대상이 되느냐 아니면 사랑받느냐 하는 문제

---

6   로크리는 이탈리아 반도의 발가락 부분에 위치한 칼라브리아 지역의 도시로, 이 지역은 2차 포에니 전쟁 때 한니발과 동맹을 맺었다. 스키피오가 이 지역을 점령하고 나서 자리를 비운 틈에, 지방장관 퀸투스 플레미니우스(Quintus Pleminius) 휘하의 병사들이 군사 규율을 무시하고 로크리를 약탈했다. 그러나 스키피오는 그를 처벌하지 않았고, 이에 원로원이 개입하여 플레미니우스를 체포했다.

로 돌아가서, 나는 이렇게 결론 내리겠다. 사람들이 군주를 사랑하는 것은 자신이 원해서 그렇게 하는 것이고, 군주를 두려워하는 것은 군주가 원해서 그렇게 하는 것이다. 그러므로 현명한 군주라면 자신의 권력 기반을 자신이 통제하는 것에 두어야지 다른 사람이 통제하는 것에 두지 말아야 한다. 그리고 앞에서 이야기했듯이, 미움을 받는 것만은 피하도록 노력해야 한다.

18장

군주가 신의를 지키는 방법

군주가 신의를 지키며, 교활하지 않고 정직하게 사는 것이 얼마나 칭송할 만한 일인지는 모든 사람이 알고 있다. 그렇지만 최근 우리의 경험으로 볼 때, 위대한 일을 이룬 군주들은 신의에 대해서 크게 신경 쓰지 않았다. 이러한 군주들은 간계를 이용해 사람들의 의표를 찌르는 방법을 알았고, 그래서 결국에는 정직하게 행동하는 사람들을 능가했던 것이다.

따라서 당신은 싸움에는 두 종류가 있다는 것을 알아야만 한다. 하나는 법으로 싸우는 것이고, 다른 하나는 힘으로 싸우는 것이다. 첫 번째는 인간에게 적합하고, 두 번째는 짐승에게 적합하다. 그러나 첫 번째 방법으로는 충분하지 않다는 것이 여러 차레 증명되었기 때문에, 두 번째 방법에 의존할 필요가 있다. 그러므로 군주는 짐승의 특성과 인간의 특성 모두를 잘 사용할 수 있는 방법을 알고 있어야 한다. 고대의 저술가들은 비유를 통해 은밀하게 군주들에게 이것을 가르쳤다. 즉, 그들은 아킬레우스와 고대의 다른 여러 군주들이 반인반마인 케이론에게 보내져서 양육되고 그의 훈육을 받으며 자랐다고 썼다. 아킬레우스 같은 인물들이 반은 짐승이고 반은 인간인 자를 스승으로 삼았다는 이 이야기가 의미하는 바는, 군주는 두 가지 특성을 모두 이용할 줄 알아야 한다는 것이다. 그리고 그중 어느 하나만 가지고는 오래 버틸 수 없다.

그렇다면 군주는 짐승의 특성을 이용하는 방법을 잘 알고 있어야 하는데, 이때 짐승들 중에서도 여우와 사자를 선택해야 한다. 왜냐하면 사자는 덫으로부터 자신을 지키지 못하고, 여우는 늑대들로부터 자신을 지키지 못하기 때문이다. 그러므로 덫을 알아차리기 위해서는 여우가 될 필요가 있고, 늑대를 겁주기 위해서는 사자가 될 필요가 있다. 단지 사자의 특성에만 의존하는 사람들은 이것을 이해하지 못하는 것이다. 따라서 분별 있는 통치자라면, 신의를 지키는 일이 자신에 불리하게 변하고, 그로 하여금 그런 약속을 하도록 만들었던 이유들이 사라졌을 때는, 신의를 지킬 수도 없으며 지켜서도 안 된다. 만약 모든 사람들이 선하다면, 이 지침은 선하지 않은 것이 될 것이다. 그러나 사람들은 비열하고 그래서 당신에게 신의를 지키지 않을 것이기 때문에, 당신도 그들에게 신의를 지켜서는 안 된다. 군주에게는 이러한 약속 위반을 해명할 정당한 이유가 부족하지 않을 것이다. 이에 대해서는 지금의 수많은 사례들을 제시해, 얼마나 많은 평화 조약과 얼마나 많은 약속이 신의를 지키지 않는 군주들로 인해 무효가 되었는지 보여줄 수 있다. 그리고 여우의 특성을 이용하는 방법을 가장 잘 알고 있던 사람이 다른 사람들보다 더 좋은 결과를 내었다는 것도 보여줄 수 있다.

그러나 이러한 특성을 위장하는 방법, 즉 이것인 체하면서 저것을 숨기는 방법을 알 필요가 있다. 그리고 사람들은 아주 단순하고 당장 필요한 것에 순응하기 때문에, 속임수를 쓰는 사람은 속아 넘어갈 준비가 된 사람들을 언제나 발견하게 될 것이다. 언급하지 않고 그냥 넘어갈 수 없는 최근의 사례가 하나 있다. 알렉산데르 6세는 사람들을 속이는 것 말고는 다른 어떤 일도 하지 않았으며, 그것 말고는 다른 어떤 생각도 하지 않았다. 그런데도 그는 자신이 속일 수 있는 사람을 항상 발견했다. 지금까지 어떤 사람도 알렉산데르보다 더 설득력 있게 약속하고, 그것을 뒷받침하기 위해 또 다른 서약을 하면서도, 그 서약을 그렇게 지키지 않은 사람은 아무도 없었다. 그럼에도 그의 속임수는 그가 의도한 대로 이루어졌는데, 이는 그가 세상의 이런 측면을 잘 이해하고 있었기 때문이다.

그러므로 앞에서 열거한[1] 모든 성질을 군주가 지닐 필요는 없지만, 그것들을 지닌 것처럼 보이는 것은 반드시 필요하다. 게다가 나는 감히 이렇게까지 이야기하겠다. 그러한 성질들을 지니고 항상 그 성질대로 행동한다면, 그것들은 오히려 해롭다. 그러나 그러한 성질들을 갖추고 있는 것처럼 보인다면, 그것들은 유용하다. 예를 들어, 동정심 있고 신의가 있으며 친근하고 정직하고 신앙심 깊은 것처럼 보이는 것은 유용하며, 실제로 그런 성질을 지니는 것도 괜찮다. 그러나 그런 성질이 필요 없어지면, 그 반대로 변할 수 있도록 정신적 준비를 갖추고 있어야 한다. 그리고 다음 사항을 이해해야 한다. 군주, 특히 새로운 군주는 사람들이 좋은 사람이라고 생각할 만한 방식으로 항상 행동할 수는 없다. 권력을 유지하기 위해서는 종종 신의, 우애, 자애, 신앙심에 반해서 행동해야 하기 때문이다. 그러므로 그는 운*fortuna*과 상황이 요구하는 바에 따라 방침을 바꿀 수 있는 정신적 준비를 갖출 필요가 있다. 그리고 앞에서 이야기했듯이, 선할 수 있다면 그것에서 벗어나서는 안 되지만 필요하다면 악해지는 방법도 알아야 한다.

따라서 군주는 앞에서 언급한 다섯 가지 성질이 가득 담겨 있지 않은 그 어떤 것도 입에서 새어 나오지 않도록 각별히 조심해

---

1 15장.

야 한다. 그리고 사람들이 그를 만나서 그가 하는 말을 들을 때, 매우 동정심 있고, 매우 신의 있고, 매우 친근하고, 매우 정직하고, 매우 신앙심 깊은 사람처럼 보여야 한다. 그리고 마지막 성질, 즉 신앙심이 깊은 것처럼 보이는 것보다 더 중요한 것은 아무것도 없다. 사람들은 일반적으로 손[2]보다는 눈으로 판단한다. 모든 사람이 당신의 모습을 보지만, 당신과 직접 접촉하는 사람은 거의 없기 때문이다. 모든 사람이 겉으로 드러나는 당신의 모습을 보지만, 당신이 진짜 어떤 사람인지 경험하는 사람은 거의 소수며, 그런 소수는 국가의 권위에 의해 보증되는 다수의 의견에 감히 맞설 용기가 없다. 그리고 모든 인간의 행동에서, 특히 책임을 추궁할 수 없는 군주들의 행동에서, 사람들이 주목하는 것은 최종 결과다.

그러므로 군주가 국가를 획득하고 유지하는 데 도움이 되는 행위를 했을 때, 이것을 위한 수단은 언제나 명예로운 것으로 간주될 것이며, 그는 모든 사람들로부터 칭송을 받을 것이다. 왜냐하면 서민들은 항상 겉으로 드러난 모습과 최종 결과에 의해 설득 당하는데, 이 세상은 온통 서민으로 구성되어 있기 때문이다. 그리고 다수자가 의존할 수 있는 기반을 가지고 있는 한, 소수를 위한 여지는 없는 것이다. 이름을 밝히지 않는 편이 좋을 것 같

---

2 여기서 손(hand)은 직접 경험(first-hand)으로 해석할 수 있다.

은, 오늘날의 어떤 군주[3]는 끊임없이 평화와 신뢰를 역설했지만, 실제로는 이 두 가지 모두에 대한 최고의 적이었다. 그가 둘 중에 어느 하나라도 실천했더라면, 자신의 명성과 권력을 몇 번이나 잃고 말았을 것이다.

---

3 아라곤의 페르난도 2세라는 견해가 일반적이다.

19장

경멸과 미움을 피하는 방법

앞에서 언급한 성질들과 관련해서,[1] 좀더 중요한 것들에 대해서
는 이미 이야기했으므로, 이제 그 밖의 것들을 다음과 같은 일반
적인 원칙을 표제로 삼아 간략하게 논의하고자 한다. 일반적인
원칙은, 앞에서 부분적으로 언급했듯이, 군주는 미움을 받거나
경멸당할 만한 일들을 피할 방법을 생각해야 한다는 것이다. 이
것을 피한다면, 그는 군주가 해야 할 일을 한 것이고, 다른 행위
로 비난을 받더라도 위험에 처할 염려가 없을 것이다. 앞에서 이
야기했듯이, 그가 미움을 받게 되는 것은 무엇보다도 탐욕 때문

---

1   15장.

146

이며, 백성의 재산과 여자를 강탈하는 행위 때문이다. 따라서 그는 이것을 삼가야 한다. 그리고 재산과 명예를 빼앗지만 않는다면, 대다수의 사람은 만족하며 살아간다. 그래서 군주는 몇몇 사람의 야심만 주의하면 되는데, 이런 몇몇 사람은 여러 가지 방법으로 쉽게 억제할 수 있다.

군주가 변덕스럽고, 경솔하고, 나약하고, 겁 많고, 결단력이 없다고 여겨지면 경멸을 당할 것이다. 따라서 군주는 암초로부터 배를 보호하듯이 이 모든 것으로부터 자신을 지켜야 한다. 그리고 그는 자신의 행동에서 위대함, 기백, 진지함, 의연함이 드러나도록 노력해야 한다. 백성들의 사적인 문제를 다룰 때는 자신의 판결이 최종적인 결정이라는 것을 명백히 해야 하며, 어느 누구도 자신을 속이거나 자신에게 술수를 부리는 것은 꿈도 꿀수 없다는 평판을 유지해야 한다.

자기 자신에 대해 이러한 인상을 보여주는 군주는 높이 평가될 것이고, 그러한 평판을 지니는 사람에 대해 음모를 꾸미기는 쉽지 않다. 그리고 그가 탁월한 사람이며 자신의 백성들로부터 존경을 받는다는 것이 알려지면, 그를 공격하기는 쉽지 않을 것이다. 따라서 군주는 두 가지 위험을 두려워해야 한다. 하나는 내부에서 일어나는 것으로 자신의 백성들에 관한 것이고, 다른 하나는 외부에서 발생하는 것으로 외세에 관한 것이다. 외세에 의한 공포에서 자신을 지키기 위해서는 좋은 군대와 좋은 동맹이 필요하다. 그런데 그가 좋은 군대를 가지고 있다면 좋은 동맹을 지니게 될 것이다. 그리고 외부 문제가 안정되면, 내부 문제도 음모에 의해 이미 어지럽혀지지 않았다면 항상 안정될 것이다. 또한 대외적인 일들이 안정되지 않았을 때조차도, 내가 앞에서 이야기한 조치들을 취하고 그런 방식으로 생활한다면, 스스로 포기하지 않는 한, 그는 그 어떤 공격도 견디어 낼 것이다. 앞에서 사례로 들었던[2] 스파르타의 나비스가 바로 이러했다.

그러나 자신의 백성들에 관한 일은, 대외적인 일들이 안정되었을 때에도, 군주는 그들이 비밀리에 음모를 꾸밀 것을 걱정해야 한다. 그리고 미움을 받거나 경멸당하는 것을 피하고, 인민들이 그에게 만족하게 만든다면, 그는 이런 위험으로부터 충분히 자신을 지킬 수 있다. 앞에서 상세하게 이야기했듯이, 이런 일들은 군주가 반드시 수행해야 하는 것이다. 그리고 군주가 음모에 대처하는 가장 효과적인 방책 중 하나는 인민 대다수로부터 미움을 받지 않는 것이다. 음모를 꾸미는 사람은 항상 군주를 죽이면 인민들이 기뻐할 것이라고 믿기 때문이다. 하지만 그와는 반대로 그것이 인민들을 불쾌하게 만들 것이라는 사실을 깨닫게 되면, 그는 그런 일을 벌일 용기를 낼 수 없을 것이다. 이런 경우에는 음모에 가담하는 사람이 직면해야 하는 어려움이 너무나

---

2 9장.

많기 때문이다. 경험이 보여주는 바에 따르면, 많은 음모가 있었지만 좋게 끝난 경우는 별로 없다. 음모를 꾸미는 사람은 혼자서 행동할 수 없으며, 자신이 볼 때 불평분자로 생각되는 사람들로부터만 동료를 구할 수 있다. 그런데 음모를 꾸미고 있는 당신이 불평분자에게 당신의 의도를 드러내자마자, 당신은 그에게 당신 없이도 만족할 수 있는 재료를 제공한 것이다. 불평분자는 당신을 고발함으로써 온갖 이익을 취할 수 있는 입장이 되었기 때문이다. 따라서 그가 한쪽에는 확실한 이익이 있고, 다른 한쪽에는 위험으로 가득 찬 불확실한 이익이 있다는 것을 알면서도, 당신에 대한 신의를 지킨다면, 그는 보기 드물게 훌륭한 친구이거나 너무나도 분명한 군주의 적임에 틀림없다.

이 문제를 간결하게 요약하자면 이렇다. 음모를 꾸미는 사람의 편에는 두려움, 질투, 그를 떨게 만드는 처벌에 대한 예상 말고는 아무것도 없다. 그러나 군주의 편에는 군주국의 권위, 법률, 그리고 그를 지켜주는 친구들과 국가의 보호가 있다. 그래서 이 모든 것에 인민들의 호의가 더해지면, 어느 누구도 무모하게 음모를 꾸미는 것은 불가능하다. 왜냐하면 일반적으로 음모를 꾸미는 사람은 자신의 계획을 실행에 옮기기 전에 두려워해야 할 일이 많지만, 이 경우에 그는 월권행위를 저지른 이후에 일어날 일도 두려워해야 하기 때문이다. 이 행위로 그는 인민들을 적으로 삼는 것이며, 따라서 어떠한 피난처도 기대할 수 없기 때문이다.

　이 주제에 대해서는 수없이 많은 사례를 제시할 수 있지만, 우리 아버지들의 시대에 일어났던 단 하나의 사례를 드는 것으로 만족하려고 한다. 현재 살아 있는 안니발레의 할아버지이자 볼로냐의 군주였던 안니발레 벤티볼리오[3]는 칸네스키 가문의 음모에 의해 살해되었다. 그의 가족 중에서 아들 조반니 외에는 아무도 살아남지 못했는데, 당시 조반니는 갓난아이였다. 그런데 그 암살 사건이 벌어진 직후에 인민들이 들고 일어나 칸네스키 집안 사람들을 모두 죽였다. 이런 일이 일어난 것은 그 시절 볼로냐에서 벤티볼리오 가문이 대중의 호의를 받고 있었기 때문이다. 대중의 호의가 얼마나 엄청났던지, 안니발레가 죽고 나서 볼로냐에는 국가를 통치할 수 있는 그 가문의 사람이 아무도 남아 있지 않게 되었을 때, 볼로냐 사람들은 피렌체에 벤티볼리오 가문 태생의 사람이 살고 있다는 단서를 입수하자, 그때까지 평범한 대장장이의 아들로 자라온 그[4]를 데려와서 도시의 통치를 맡길 정도였다. 그리하여 조반니가 통치하기에 적당한 나이에 이를 때까지 그가 볼로냐를 통치하게 되었다.

　3　벤티볼리오 가문의 이름이 같은 두 사람, 안니발레 1세 벤티볼리오(Annibale I Bentivoglio)와 그의 손자 안니발레 2세 벤티볼리오(Annibale II Bentivoglio)를 가리킨다. 원문에는 두 사람 이름 앞에, '나리'나 '님' 정도로 번역할 수 있는 경칭이 붙어 있다.
　4　산테 1세(Sante I Bentivoglio).

이런 이유에서 나는 다음과 같이 결론 내리겠다. 군주가 인민들의 호의를 받고 있을 때는 음모에 대해 크게 걱정할 필요가 없다. 그러나 인민들이 적대적이고 군주에게 미움을 품고 있다면, 그는 모든 것과 모든 사람을 두려워해야 한다. 그리고 잘 조직된 국가와 현명한 군주는 귀족들이 절망으로 내몰리지 않고, 인민이 안심하고 만족하며 살 수 있도록 만들기 위해 그가 할 수 있는 모든 것을 해왔다. 왜냐하면 이것이 군주가 해야 할 가장 중요한 업무 중에 하나이기 때문이다.

우리 시대에 가장 잘 조직되고 잘 통치되는 왕국 중에는 프랑스 왕국이 있다. 프랑스에는 왕의 자유와 안전에 버팀목이 되는 훌륭한 제도가 많다. 이 중에서 으뜸가는 것은 고등법원과 그것의 권위다. 사실 그 왕국을 정비한 사람[5]은 귀족들의 야심과 그들의 오만함을 인식하고, 그들을 억제하기 위해서는 그들의 입에 재갈을 물릴 필요가 있다고 생각했다. 한편 귀족에 대한 인민 대다수의 두려움과 그에 따른 미움을 인식하고, 인민들을 보호하고 싶어 했다. 그러나 그는 이 문제가 왕의 특별한 관심사가 되지 않기를 바랐는데, 귀족들로부터 인민들을 편애한다고 비

5 이가 누구인지는 일치된 견해가 없다. 1250년 무렵에 파리 고등법원을 창설한 왕은 루이 9세(Luis IX)다. 그러나 이때는 파리 고등법원이 '쿠리아 레기스(curia regis, 조정 또는 왕실 위원회)'와 완전히 분리되지 않아서, 국왕의 법률 자문 기능도 수행한 것으로 보인다. 파리 고등법원을 조정과 분리된 사법기관으로 만든 것은 1307년 필리프 4세(Philippe IV)다.

난받거나, 인민들로부터 귀족들을 편애한다고 비난받기를 원하지 않았기 때문이다. 그래서 그는 왕에게 비난이 가해지는 일 없이도 귀족들을 억제하고 인민들의 편을 들 수 있는 제3의 심판 기관을 설립했다. 이보다 더 훌륭하고 이보다 더 현명한 제도는 있을 수 없었으며, 왕과 왕국의 안전에 이보다 더 도움이 되는 것도 있을 수 없었다. 이것으로부터 또 하나 주목할 만한 사항을 이끌어낼 수 있다. 군주는 비난받을 수도 있는 성가신 일은 다른 사람이 수행하도록 하고, 자신은 인기를 얻을 수 있는 우아한 일을 맡아야 한다는 것이다. 다시 한 번 나는 이렇게 결론 내리겠다. 군주는 귀족을 존중해야 하지만, 인민의 미움을 사서는 안 된다.

로마 황제들의 삶과 죽음을 검토해본 많은 사람들에게는, 아마도 내 의견과는 상반되는 사례들이 있는 것처럼 보일지 모르겠다. 그런 사람들은 황제들 가운데 일부가 항상 고귀하게 살았고 정신의 위대한 능력*virtù*을 보여주었지만, 그럼에도 그들의 통치권을 상실하거나 심지어는 음모를 꾸민 자신의 인민들에 의해 살해되었다는 사실을 발견할 것이기 때문이다. 그러므로 이러한 반론에 답하기 위해, 나는 그 황제들 중 몇 사람의 성질을 논의하여, 그들의 몰락 원인이 내가 제시한 것과 다르지 않다는 것을 보여주려고 한다. 동시에 나는 그 시대의 사건들을 공부하는 사람들이 주목할 만한 것들을 일부 고찰해보려고 한다. 철학자 마르쿠스[6]에서 시작해서 막시미누스에 이르기까지 제국을 계승한 모든 황제들을 다루는 것으로 충분하기를 바란다. 이 황제들을 나열해보면 이렇다. 마르쿠스, 그의 아들 콤모두스, 페르티낙스, 율리아누스,[7] 세베루스, 그의 아들 안토니누스 카라칼라, 마크리누스, 헬리오가발루스, 알렉산데르, 막시미누스.

제일 먼저 주목해야 할 것은, 다른 군주국에서는 군주가 귀족의 야심과 인민의 무례함에 대비하기만 하면 되지만, 로마 황제들은 세 번째 어려움을 지니고 있었다는 점이다. 그것은 바로 병사들의 잔인함과 탐욕에 대처해야만 했다는 것이다. 이는 여러 황제들의 몰락을 야기할 정도로 아주 어려운 문제였는데, 병사와 인민 양쪽 모두를 만족시키기는 아주 어렵기 때문이었다. 왜냐하면 인민들은 평화를 사랑하고 따라서 수수한 군주를 사랑했지만, 병사들은 오만하고 잔인하고 탐욕스러운 호전적인 군주를 사랑했기 때문이다. 병사들은 황제가 그러한 성질을 인민들에게 행사해, 자신들의 급료가 두 배로 늘어나고 자신들의 탐욕과 잔인함을 발산할 수 있게 되기를 바랐던 것이다. 그래서 타고난 본성이나 훈련된 재능에 의해, 병사들과 인민들을 억제할

....

6 마르쿠스 아우렐리우스(Marcus Aurelius).
7 마지막 비기독교도 로마 황제로 유명한 플라비우스 클라우디우스 율리아누스(Flavius Claudius Julianus)가 아니라 19대 로마 황제 디디우스 율리아누스(Didius Julianus).

수 있을 만한 권위를 획득하지 못한 황제들은 항상 몰락하고 말았다. 그리고 대부분의 황제들, 특히 새로 군주의 자리에 오른 인물들은 이 두 가지 상반되는 기질에 의해 제기된 어려움을 인식했을 때, 병사들을 만족시키는 쪽을 선택하고, 인민들의 고통에 대해서는 별로 신경을 쓰지 않았다. 이러한 방책을 취한 것은 어쩔 수 없는 선택이었다. 그 이유는 이렇다. 군주가 누군가로부터 미움을 받는 것을 완전히 피할 수 없다면, 그는 우선 전체 인민으로부터 미움을 받는 것을 피해야 한다. 그런데 이것을 이룰 수 없을 때에, 군주는 가장 강력한 권력을 행사하는 집단들의 미움을 받지 않도록 최대한의 노력을 기울여야 한다. 그러므로 새롭게 권좌에 올랐기 때문에 특별한 지원이 필요했던 그러한 황제들은, 인민들보다는 병사들에게 집착했다. 그렇지만 이러한 방책이 그들에게 유리한지 아닌지는, 그 군주가 병사들에 대해 자신의 위신을 유지하는 방법을 알고 있는지 여부에 달려 있었다.

이러한 이유에서 마르쿠스, 페르티낙스, 그리고 알렉산데르는 모두 수수한 삶을 살았고, 정의를 사랑했고, 잔인함을 적대시했으며, 인정 많고 인자한 인물들이었지만, 마르쿠스를 제외하고는 모두 비참한 최후를 맞았다. 마르쿠스만이 지극히 명예롭게 살다가 여전히 존경을 받으며 생을 마감했는데, 그는 세습적 권리에 의해 황제의 지위를 물려받았고, 따라서 병사들이나 인민들에게 감사할 필요가 없었기 때문이다. 더욱이 그는 존경받을 만한 많은 훌륭한 성품*virtù*을 지니고 있었으므로, 살아 있는 동안 병사들과 인민들 양쪽 모두가 제 분수를 지키도록 잘 단속했으며, 결코 미움이나 경멸을 받지도 않았다. 그러나 페르티낙스[8]는 병사들의 의지에 반해서 황제가 되었는데, 병사들은 콤모두스의 치하에서 방탕하게 사는 데 익숙해져 있었기 때문에, 페르티낙스가 그들에게 강요하고자 했던 품위 있는 삶을 견딜 수가 없었다. 이것이 병사들의 미움을 받은 원인이었다면, 이에 덧붙여 늙었다는 이유로 경멸까지 받게 되면서, 그는 통치를 시작한 지 얼마 지나서 않아 몰락하고 말았다.

여기서 우리는 악행에 의한 것만큼이나 선행에 의해서도 미움을 받을 수 있다는 점을 주목해야 한다. 그러므로 앞에서 이야기했듯이,[9] 권력을 유지하길 원하는 군주는 종종 어쩔 수 없이 선하지 않게 행동해야 한다. 당신이 권력을 유지하기 위해 필요하다고 생각하는 집단이 부패해 있을 때, 그 집단이 인민이든, 병사든, 귀족이든, 당신은 그들의 기질에 맞추어 행동해 그들을 만족시켜야 한다. 이 상황에서 선한 행위는 당신에게 해가 될 것이다. 여기서 알렉산데르[10]의 사례로 넘어가보자. 그는 매우 선

---

8   헬비우스 페르티낙스(Publius Helvius Pertinax), 로마 18대 황제.

9   15장.

10   알렉산데르 세베루스(Alexander Severus), 로마 24대 황제, 세베루스 알렉산데르라 하기도 한다.

한 인물이어서, 그에게 부여되었던 여러 칭찬 중에는 이런 것도 있었다. 즉, 그는 통치권을 장악하고 있던 14년 동안 그 누구도 재판 없이 처형하지 않았다는 사실로 칭송받았다. 그럼에도 그는 아주 유약하여 어머니에 의해 좌우되는 인물로 여겨졌고, 이 때문에 경멸을 받게 되었으며, 결국 군대가 음모를 꾸며 그를 살해했다.

이제 정반대의 성질을 지녔던 콤모두스, 세베루스, 안토니누스 카라칼라, 막시미누스에 대해 논의해보자. 그들은 모두 극도로 잔인하고 탐욕스러웠다. 병사들을 만족시키기 위해 인민들에게 온갖 종류의 부정한 행위를 주저하지 않고 자행했다. 그리고 세베루스를 제외하고 모두가 비참한 최후를 맞았다. 세베루스[11]는 여러 가지 능력을 지니고 있어서, 비록 인민들을 억압했지만 병사들과 우호적인 관계를 유지함으로써, 성공적으로 통치할 수 있었다. 그의 능력으로 인해 그는 병사들과 인민들에게 경탄할 만한 인물로 비쳤는데, 그래서 인민들은 경악하면서도 경외감을 지니게 되었고, 병사들은 존경심을 지니면서 만족해했다. 권력을 세습받은 것이 아닌 새로운 군주라는 점에 비추어, 이 인물의 행적은 아주 위대하고 인상적이기 때문에, 나는 그가 여우와 사자의 역할을 이용하는 방법을 얼마나 잘 알고 있었는지 간

---

11   셉티미우스 세베루스(Septimius Severus), 로마 20대 황제.

략하게 보여주고자 한다. 앞에서 이야기했듯이,[12] 군주는 이 둘의 본성을 모방할 필요가 있다.

율리아누스 황제가 나태하다는 사실을 알고 있었던 세베루스는 자신이 지휘관으로 있던 슬라보니아 지역[13]의 군대를 설득해, 로마로 가서 황실 근위병들에 의해 살해당한 페르티낙스의 죽음에 대해 복수하는 것이 옳다고 믿게 만들었다.[14] 이런 구실을 내세우고, 황제의 자리를 차지하고자 하는 야심을 숨긴 채, 그는 군대를 이끌고 로마로 향했고 사람들이 그가 출발했다는 사실을 알아채기도 전에 이탈리아에 도착했다. 그가 로마에 도착하자마자, 원로원은 겁에 질려 그를 황제로 선출했고, 율리아누스는 살해되었다. 시작은 이렇게 했지만, 제국 전체의 주인이 되고자 했던 세베루스에게는 두 가지 어려움이 있었다. 하나는 아시아에 있었는데, 아시아 군대의 수장인 페스케니우스 니게르가 스스로를 황제로 칭하고 있었다는 것이다. 또 한 가지는 서쪽에 있었는데, 그곳에서 알비누스가 역시 황제의 지위를 노리고 있었다는 것이다. 세베루스는 이 두 사람을 동시에 자신의 적으로 선언하는 것은 위험하다고 판단했기 때문에, 니게르를 공격하

---

12   18장.

13   크로아티아 지역.

14   황실 근위대가 18대 황제 페르티낙스를 죽이고 디디우스 율리아누스를 19대 황제로 추대했다.

면서 알비누스를 속이기로 결심했다. 따라서 그는 알비누스에게 서한을 보내, 원로원이 자신을 황제로 선출했는데, 자신은 황제의 지위를 그와 공유하기를 원한다고 전했다. 그는 알비누스에게 카이사르의 칭호를 보내고, 원로원으로 하여금 그를 공동황제로 선출하도록 했다. 알비누스는 이러한 일들을 진실로 받아들였다. 그러나 세베루스는 니게르를 공략해 그를 죽이고 제국 동쪽 문제를 수습하자, 로마로 돌아와서는 원로원에, 알비누스가 자신이 베푼 은혜에 감사하기는커녕 계략을 꾸며 자신을 살해하려 했으므로, 이런 배은망덕한 행위에 대해서 자신이 가서 반드시 그를 처벌해야만 한다고 호소했다. 이후 세베루스는 프랑스로 가서 알비누스의 권력과 생명을 빼앗았다.

그러므로 이 인물의 행적을 신중하게 검토해본다면, 우리는 그가 매우 사나운 사자이자 매우 교활한 여우임을 알게 될 것이다. 또한 우리는 그가 모든 사람들로부터 두려움의 대상이면서 존경의 대상이었으며, 군대의 미움도 받지 않았다는 사실을 알게 될 것이다. 그리고 신출내기였던[15] 그가 그토록 엄청난 권력을 유지할 수 있었다는 사실에 놀랄 필요는 없다. 왜냐하면 그의 엄청난 명성이, 그의 약탈 행위로 인해 인민들이 그에게 품었을지도 모르는 미움으로부터 언제나 그를 보호해주었기 때문이다.

....

15 세습 군주와는 달리 통치와 관련된 교육을 받지 않은 신참 군주를 뜻한다.

그런데 그의 아들 안토니누스[16] 역시 아주 탁월한 측면을 지니고 있는 인물이었다. 그러한 성질들로 인해 그는 인민들의 눈에는 놀라운 인물로 보였고 병사들에게는 만족스러운 인물이었다. 그는 어떤 힘든 일도 견뎌낼 수 있으며, 모든 달콤한 음식과 그 밖의 모든 사치품을 경멸한 강인한 전사였기 때문이다. 이런 특성으로 인해 그는 군대의 사랑을 받았다. 그럼에도 그의 흉포함과 잔인함은 너무나 엄청나고 전례 없는 것으로, 수없이 많은 개별적인 살인을 저지른 후에도, 로마 인민 대다수와 알렉산드리아의 모든 인민을 살해할 정도였다. 그래서 그는 온 세상의 미움을 받기에 이르렀고, 그의 측근들도 그를 두려워하기 시작하면서 결국에는 자신의 병사들과 함께 있던 중에 한 백인대장[17]에게 살해되었다.

여기서 주목해야 할 점은 단호한 정신의 소유자가 신중하게 결정해 이행한 이런 식의 살인이 일어난다면 군주는 그것을 피할 방법이 없다는 것이다. 죽음을 두려워하지 않는 사람이라면 누구든지 군주에게 해를 가할 수 있기 때문이다. 하지만 그런 사람은 매우 드물기 때문에 군주는 그들을 그다지 두려워하지 않는 것이 좋다. 그는 그저 자신의 시중을 들도록 고용한 사람들이

---

16 세베루스 안토니누스(Severus Antonius), 로마 21대 황제, 카라칼라는 별명이다.
17 100명의 병사로 구성된 부대의 지휘관.

나, 국가의 업무를 보기 위해 주변에 두고 있는 사람들에게 심각한 피해를 입히지 않도록 주의하기만 하면 된다. 그런데 안토니누스는 그 백인대장의 형제를 수치스러운 방식으로 살해했으며, 그 백인대장에게도 매일 위협을 가했으면서도, 여전히 그를 자신의 경호원으로 두고 있었다. 그에게 일어난 일에서 볼 수 있듯이, 이와 같은 행위는 재앙을 초래할 수도 있는 무모한 방책이었다.

그러면 이제 콤모두스[18]로 관심을 돌려보자. 그는 마르쿠스의 아들로 세습적 권리에 의해 권력을 물려받았기 때문에, 그것을 유지하기가 매우 수월했을 것이다. 그가 그저 아버지의 발자취를 따르기만 했다면 인민들과 병사들을 만족시킬 수 있었을 것이다. 그러나 그는 잔인하고 짐승처럼 흉포하여, 인민들을 상대로 자신의 탐욕을 마음껏 실현하기 위해, 병사들의 비위를 맞춰주고 그들을 방탕하게 만들어버렸다. 한편 그는 자신의 위엄도 지키지 않고 종종 원형 경기장으로 내려가 검투사들과 싸우기도 했으며, 황제의 위엄에 전혀 어울리지 않는 또 다른 저급한 행동을 함으로써, 병사들의 눈에도 경멸할 만한 존재로 비쳤다. 이렇게 인민들에게는 미움을 받고, 병사들로부터는 경멸을 받

---

18 코모두스 안토니누스(Commodus Antoninus), 로마 17대 황제, 아버지는 마르쿠스 아우렐리우스다.

음으로써, 그는 음모의 대상이 되어 살해되고 말았다.

이제 막시미누스[19]의 성질에 대해 이야기할 일이 남았다. 그는 매우 호전적인 인물이었다. 그리고 앞에서 이야기했듯이, 군대는 알렉산데르의 나약함에 지쳐 있었기 때문에, 그를 죽이고 막시미누스를 황제로 선출했다. 그러나 그는 제위를 오래 소유하지 못했다. 두 가지가 그를 미움과 경멸의 대상으로 만들었기 때문이다. 첫 번째는 그의 태생이 아주 비천했다는 점이다. 그는 예전에 트라키아에서 양치기를 하며 지냈는데, 이 사실이 온 세상에 알려졌고, 그래서 모든 사람이 이것을 수치스러운 일로 생각하고 그를 경멸했다. 두 번째는 그가 황제로 선출되었을 때 바로 로마로 가서 황제의 자리를 취하지 않고 지체했다는 점이다.[20] 이것은 그의 속주 장관들이 로마와 제국의 여러 지역에서 수많은 잔혹 행위를 저지르도록 방치한 것이나 마찬가지였고, 이 때문에 그 자신이 극도로 잔인하다는 평판을 얻게 되었다. 그리하여 온 세상이 그의 태생의 비천함에 대한 멸시로 들끓고, 그의 흉포함에 대한 두려움에서 비롯한 미움으로 격앙되었다. 그리하여 제일 먼저 아프리카에서 반란이 일어났고, 이어서 로마의 모든 인민과 더불어 원로원이 반기를 들었다. 그리고 이탈리

---

19 막시미누스 트락스(Maximinus Thrax), 로마 25대 황제.
20 막시미누스가 황제로 추대되었을 때, 그는 마인츠에 있었다.

아 전체가 그에 대한 음모를 꾸몄고, 여기에 그의 군대까지 가담하게 되었다. 그의 군대는 당시 아퀼레이아를 포위하고 있었지만 그곳을 함락시키기는 데 어려움을 겪고 있었다. 또한 군대는 그의 잔인한 행위에 넌더리가 나 있었는데, 그에게 적대적인 사람이 많다는 사실을 알고 나서는 그를 덜 두려워하게 되었고 결국 살해했다.

헬리오가발루스, 마크리누스, 율리아누스에 대해서는 논의하고 싶지 않다. 그들은 모두 철저히 경멸받았고, 따라서 순식간에 제거되었다. 그 대신에 나는 다음과 같은 말로 이 논의를 마감하겠다. 우리 시대의 군주는 로마 황제에 비해, 병사들의 지나친 요구를 충족시켜야 하는 어려움이 그다지 크지 않다. 오늘날의 군주도 병사들에게 어느 정도 혜택을 베풀어야 하지만, 그들을 만족시키는 데 따르는 어려움은 금방 해소된다. 왜냐하면 오늘날의 군주 가운데 그 누구도, 로마 제국의 군대처럼 지방의 통치와 행정에 깊이 연루되어 있는 군대를 갖고 있지 않기 때문이다. 따라서 당시에는 인민들보다 병사들을 만족시키는 것이 더욱 필요했지만, 이제는 튀르크 황제와 술탄[21]을 제외한 모든 군주에게, 병사들보다 인민들을 만족시키는 것이 더욱 필요하다. 인민들이 병사들보다 더 강력하기 때문이다.

---

21 오스만튀르크의 셀림 1세(Selim I)와 이집트의 술탄.

튀르크 황제를 제외했는데, 그는 주변에 1만 2천의 보병과 1만 5천의 기병을 유지하고 있기 때문이다. 그 왕국의 안전과 강력함이 이 군대에 달려 있었으므로, 그는 인민에 대한 모든 고려를 제쳐두고 그들과 좋은 관계를 유지하는 것이 필요하다. 술탄의 왕국도 전적으로 병사들의 수중에 있었으므로, 술탄 또한 인민들을 고려하지 않고 병사들과 우호적인 관계를 유지해야 했다. 그러나 이 술탄의 국가는 다른 모든 군주국과 다르다는 사실을 유념해야 한다. 그것은 기독교의 교황 국가와 유사하기 때문에, 세습 군주국이나 새로운 군주국으로 분류할 수 없다. 나이든 군주가 죽으면 그 군주의 아들들이 왕국을 물려받고 영주가 되는 것이 아니라, 선출 권한을 지닌 사람들에 의해 선출된 인물이 그 지위에 오르는 것이기 때문이다. 이것은 오래 전통을 지닌 제도이므로, 그것을 새로운 군주국이라고 부를 수 없다. 왜냐하면 그곳에는 새로운 군주국이 마주치는 어려운 문제들이 전혀 없기 때문이다. 그리고 비록 군주가 새로운 인물일지라도, 그 국가의 제도는 오래된 것이어서, 그를 마치 세습 군주인 것처럼 받아들일 수 있을 정도의 제도적 장치가 마련되어 있다.

우리의 논의 주제로 돌아가보자. 내가 이야기한 것을 잘 생각해본 사람은 미움이나 경멸이, 앞서 이름을 언급한 황제들의 몰락을 초래한 원인이었다는 사실을 인식하게 될 것이다. 그리고 그들 중 일부는 어떤 방식으로 또 일부는 그 반대 방식으로 행동했음에도, 각각의 방식에서 오직 한 황제만 행복한 결말을 맞고 나머지는 모두 불행한 결말을 맞는 일이 어째서 일어났는지도 알게 될 것이다. 페르티낙스와 알렉산데르는 신참 군주였으므로, 그들이 세습적 권리에 의해 군주가 된 마르쿠스를 모방하고자 한 것은 무익하고 위험한 일이었다. 마찬가지로 카라칼라, 콤모두스, 막시미누스가 세베루스를 모방하는 것은, 그들이 그의 발자취를 따를 만한 충분한 역량을 지니고 있지 않았기 때문에, 매우 치명적인 실수였다. 그러므로 신생 군주국의 신참 군주는 마르쿠스의 행적을 모방할 수 없으며, 또한 세베루스의 행적을 따를 필요도 없다.[22] 하지만 그는 세베루스에게서 국가의 기초를 세우는 데 필요한 부분을 취하고, 마르쿠스로부터는 이미 안정되고 확고하게 자리 잡은 국가를 보존하고 영광스럽게 만드는 데 적합한 것을 취해야 한다.

....

22　마르쿠스는 관대한 방식으로 성공한 황제이고, 세베루스는 그 반대의 방식으로 성공한 황제이다.

20장

군주들이 흔히 이용하는 요새와
그 밖의 장치들은 유익한가

국가를 안전하게 유지하기 위해, 어떤 군주들은 자신의 백성들이 무장하지 못하게 했고, 또 어떤 군주들은 복속된 도시들의 분열을 이용했다. 어떤 군주들은 자신에 대한 적대감을 조장했고, 또 어떤 군주들은 집권 초기에 그들이 의심을 품었던 사람들을 자기편으로 끌어들이려고 했다. 어떤 군주들은 요새를 세웠고, 또 어떤 군주들은 그것을 허물고 파괴했다. 이와 같은 결정을 해야 하는 국가들의 세부적인 사항을 알지 못하면, 이 모든 것에 대해 최종적인 판단을 내릴 수는 없지만, 그럼에도 나는 가능한 포괄적으로 이 문제를 논의해보려고 한다.

신참 군주가 자신의 백성들에게 무장하지 못하게 했던 적은 지금껏 없었다. 오히려 백성들이 무장을 하지 않은 것을 발견했을 때, 그는 언제나 그들을 무장시켰다. 왜냐하면 백성들을 무장시키면, 그 무기들은 당신의 것이 되고, 당신이 의심했던 사람들은 충성스럽게 변하고, 충성스럽던 사람들은 계속 충성하며, 그래서 단순한 백성이 아니라 당신의 열렬한 지지자가 되기 때문이다. 그런데 모든 백성을 무장시킬 수 없으므로, 일부만 무장시켜 그들에게 혜택을 준다면, 당신은 다른 사람들도 더욱 안전하게 다룰 수 있게 된다. 이렇게 처우가 다르다는 것을 그들이 인식하게 되면, 당신이 무장시킨 사람들은 당신에게 은혜를 갚아야 할 의무를 진 사람들이 될 것이다. 그리고 나머지 사람들은 위험도 크고 책임도 무거운 일을 하는 사람들이 더 많은 보상을 받는 것은 당연하다고 생각하고 당신의 행동을 이해할 것이다. 그러나 백성들로 하여금 무장을 하지 못하게 하면, 당신은 곧바로 그들의 감정에 상처를 입히고 만다. 왜냐하면 이는 당신이 그들의 용기를 의심하든 아니면 그들의 충성심을 의심하여,[1] 그들을 신뢰하지 않는다는 것을 보여준 것이기 때문이다. 그리고 이두 가지 이유 중 어느 쪽이든 모두 당신에 대한 미움을 야기한

1　이 구절에 대해서는 두 가지 상충하는 판본이 존재한다. 비겁하고 신의가 부족한 것이 누구인지에 대한 해석 차이인데, 이 부분을 '백성들의 비겁함이나 신의 부족을 이유로'라고 해석할 것인가, 아니면 '군주의 비겁함이나 신의 부족 때문에'라고 해석할 것인가의 문제다. 여기서는 앞의 것을 따랐다.

다. 그리고 무장을 하지 않고 지낼 수는 없기 때문에, 이제 당신은 용병 부대에 의존해야 하는데, 용병의 특성에 대해서는 앞에서[2] 이미 이야기했다. 설령 용병의 능력이 뛰어나다고 해도, 강력한 적들과 신뢰할 수 없는 백성들로부터 당신을 지킬 수 있을 정도로 뛰어날 수는 없다.

그러므로 이미 이야기했듯이, 신생 군주국의 신참 군주는 항상 백성들을 무장시켰다. 역사에는 이러한 사례가 풍부하다. 그러나 군주가 새로운 국가를 획득해 그것을 자신의 옛 국가의 일부로 추가했을 때는, 그곳을 획득할 때 도움을 줬던 지지자들을 제외하고는 그 주민들의 무장을 해제할 필요가 있다. 그리고 시간이 흘러 기회가 된다면, 그 지지자들조차 부드럽고 나약하게 만들어야 한다. 그리하여 국가 전체에서 무기는 당신 자신의 병사들, 즉 당신의 옛 국가에서 당신과 가까운 곳에 살고 있는 병사들에게만 있도록 일을 처리해야 한다.

우리의 선조들, 특히 현명하다고 평가받는 사람들은, 피스토이아는 파당을 조성해[3] 지키고, 피사는 요새를 통해 지켜야 한다고 말하곤 했다. 그리고 이러한 생각에 따라 그들은 복속된 도시들을 좀더 쉽게 유지하기 위해, 그중 몇몇 도시에서 불화를 조성

---

2 12장.
3 17장의 옮긴이 주 1 참고.

했다. 이탈리아가 어느 정도 세력 균형 상태에 있던 시기에는 이 것은 충분히 훌륭한 방책이었을 것이다. 그러나 나는 오늘날 우리가 그것을 하나의 지침으로 받아들일 수 있다고 생각하지 않는다. 나는 파당적 분열이 누구에게나 늘 도움이 된다고 생각하지 않는다. 그와는 반대로 적이 들이닥쳤을 때, 분열된 도시는 필연적으로 바로 무너지고 말 것이다. 왜냐하면 세력이 약한 당파는 항상 외부 세력에 들러붙을 것이고, 다른 쪽은 내외부의 적에 저항할 능력이 없을 것이기 때문이다.

내 생각에, 베네치아인들은 앞에서 말한 이유들에 자극받아, 자신들이 복속시킨 도시들에서 겔프파와 기벨린파[4]의 분열을 조장했다. 베네치아인들은 결코 두 파벌이 유혈사태에까지 이르도록 내버려두지는 않았지만, 그들 사이에 이러한 분쟁을 조성함으로써, 자기들 사이의 차이에만 몰두한 그곳 시민들이 베네치아인들에 맞서 단결하지 못하게 만들려고 했다. 이미 판명 났듯이, 그 정책은 계획한 대로 진행되지 못했다. 베네치아인들이 바일라에서 패배한 후, 두 파벌 중 하나가 즉각 용기를 내어 복속된 영토 전체를 장악했던 것이다.[5] 그러므로 이러한 정책은

---

4   겔프(Guelph)는 독일 쪽 공작 가문의 이름인 벨프(Welf)에서 나온 말로 교황파를 가리키고, 기벨린(Ghibelline)은 호엔슈타우펜성 이름(Waiblingen)에서 나온 말로 신성 로마 제국의 황제파를 뜻한다. 이탈리아의 지배권을 둘러싼 투쟁에서 교황파와 황제파의 분열에 대해서는, 12장의 옮긴이 주 13이 있는 문단 참조.

5   1509년, 바일라 전투(아냐델로 전투) 직후 파도바, 베로나, 비첸차 등의 도시가 신

군주가 나약하다는 사실을 입증하는 것이다. 활력이 넘치는 군주국에서는 그러한 파벌 다툼이 결코 용납되지 않을 것이기 때문이다. 그러한 정책은 백성들을 좀더 쉽게 통제할 수 있게 해주지만, 평화의 시기에만 유용한 정책이고, 전시가 되면 이 정책의 문제점이 분명하게 드러난다.

　자신에게 닥친 곤경과 저항을 극복할 때 그 군주는 위대한 인물로 거듭나게 된다는 것은 의심의 여지가 없다. 그러므로 운명 *fortuna*이 어떤 군주를 위대하게 만들길 원할 때, 특히 세습 군주보다 명성을 얻어야 할 필요가 더 큰 신참 군주를 위대하게 만들고자 할 때, 운명은 적들을 출현시켜 그를 공격하게 한다. 그리하여 그는 그 적들을 물리치고 그들이 가져다준 사다리를 타고 더 높이 올라갈 기회를 얻게 된다. 이런 이유로 많은 사람이, 현명한 군주는 기회가 찾아왔을 때 약삭빠르게 적대감[6]을 고취시킨 다음에, 그것을 분쇄함으로써 자신의 위대함을 증폭시킨다고 생각하는 것이다.

　군주, 특히 신참 군주들은 집권 초기에 신뢰했던 사람들보다 의심을 품었던 사람들이 더 충성스럽고 더 쓸모 있다는 사실을 발견했다. 시에나의 군주 판돌포 페트루치는 다른 어떤 사람보

성 로마 제국에 항복한 사실을 말한다. 덧붙이자면 파도바, 비첸차 등은 그해 베네치아에 다시 복속되었다.

6　군주 자신에 대한 적대감.

다도 그가 의심을 품었던 사람들과 함께 자신의 국가를 통치했다. 그러나 이 점에 관해서는 일반화해서 이야기할 수 없는데, 그것은 상황에 따라 크게 달라지기 때문이다. 나는 단지 이렇게 말하겠다. 군주국이 출범할 때 적대적이었던 사람들이 자신을 부양하기 위해서는 어딘가에 의존할 필요가 있는 그런 부류의 사람들이라면, 군주는 언제나 아주 쉽게 그들을 자기편으로 만들 수 있다. 그들은 군주가 처음 자신들에 대해 지녔던 나쁜 인상을 행동으로 불식시킬 필요가 있다는 사실을 너무나 잘 알고 있으므로, 다른 사람들보다 더 충성스럽게 군주를 섬기지 않을 수 없다. 따라서 군주는 자신들의 지위가 안전하다고 느끼면서 군주의 일을 소홀히 하는 사람들보다 오히려 그들에게서 항상 더 많은 이익을 얻게 된다.

그리고 주제가 그것을 필요로 하기 때문에, 나는 내부 사람들의 도움을 통해 새로운 국가를 획득한 군주에게, 그 사람들이 그를 도와준 이유를 잘 생각해봐야 한다는 것을 상기시키는 일을 빠뜨리고 싶지 않다. 그를 도운 이유가 그를 향한 자연스러운 애정이 아니라, 단지 그들의 정부에 대한 불만이라면, 그들과 우호적인 관계를 유지하기는 지극히 어렵고 힘들 것이다. 새로운 군주인 그도 그들을 만족시키는 일은 불가능하기 때문이다. 그리고 고대와 현대의 사건에서 취할 수 있는 사례들을 통해 그 이유를 잘 생각해보면, 이전 정부에 불만을 가졌기 때문에 그에게 호의적이고 그래서 그가 권력을 잡는 것을 도와준 사람들보다, 이전 정부에 만족하며 살았고 그래서 그의 적이었던 사람들을 친구로 만드는 것이 더 쉽다는 사실을 깨닫게 될 것이다.

국가를 더욱 안전하게 보존하기 위해 요새를 건설하는 것이 지금까지 군주들의 관례였다. 요새는 군주에 대해 음모를 꾸미는 사람들에 대한 굴레이자 재갈 역할을 하며, 갑작스러운 공격이 일어났을 때 피난처 역할을 할 것이다. 나는 이러한 방식은 칭찬하는데, 아주 오래전부터 사용해온 방식이기 때문이다. 그럼에도 우리 시대에 니콜로 비텔리가 국가를 지키기 위해 치타 디 카스텔로의 두 요새를 허물어뜨리는 것을 보았다. 우르비노 공작 귀도 우발도는 체사레 보르자에 의해 자신의 영지에서 쫓겨났다가 되찾은 뒤에는, 그 지역에 있는 모든 요새를 완전히 파괴했는데, 요새가 없으면 그곳을 다시 잃을 가능성이 더 적을 것이라고 확신했기 때문이다. 벤티볼리오 가문이 볼로냐로 되돌아왔을 때도 유사한 조치를 취했다. 그러므로 요새는 상황에 따라 유익하기도 하고 그렇지 않기도 하다. 어떤 경우에 그것은 당신에게 도움이 되지만, 또 어떤 경우에는 당신에게 해를 끼친다. 그 이유를 말하자면 다음과 같다.

외국인들보다 자신의 인민들을 더 두려워하는 군주는 요새를 구축해야 한다. 그러나 인민들보다 외국인들을 더 두려워하는 군주는 요새에 신경 쓸 필요가 없다. 프란체스코 스포르차가 쌓은 밀라노의 성채[7]는 그 국가에서 일어난 다른 어떤 소란보다 더 스포르차 가문에 대한 공격을 유발했고 앞으로도 그럴 것이다. 그러므로 군주를 위한 최상의 요새는 인민들로부터 미움을 받지 않는 것이다. 왜냐하면 당신이 요새를 가지고 있다고 해도, 인민들이 당신을 미워한다면 그 요새가 당신을 구해주지 못할 것이기 때문이다. 이렇게 말하는 이유는, 일단 인민들이 당신에 맞서 무기를 들기만 하면, 그들을 도와줄 외국 세력이 결코 부족하지 않을 것이라는 데 있다. 우리 시대에는 요새가 어떤 군주에게도 이익을 가져다준 것을 찾아볼 수 없다. 단 하나의 예외를 찾자면, 지롤라모 백작이 살해되었을 때 그 배우자인 포를리 백작 부인[8]의 경우다. 요새를 이용해 그녀는 대중의 반란을 버티어내고 밀라노에서 지원군이 오기를 기다릴 수 있었으며, 결국 국가를 다시 지배할 수 있었다. 그런데 당시는 외국인들이 인민들을 도울 수 없는 그런 상황이었다. 하지만 나중에 체사레 보르자가 그녀를 공격했을 때, 요새는 그녀에게 별로 도움이 되지 않았다. 왜냐하면 그때는 그녀에게 적대적인 인민들이 외국인들과 합세했기 때문이다. 그러므로 그때나 그 이전이나, 요새를 지니는 것보다 인민들에게 미움을 받지 않는 것이 그녀에게 더 안전

7   스포르체스코성.
8   3장 옮긴이 주 9 참조.

172

했을 것이다. 이 모든 것을 고려할 때, 나는 요새를 세우는 사람과 세우지 않는 사람을 모두 칭찬하지만, 요새를 믿고 인민들로부터 미움을 받는 것을 대수롭지 않게 생각하는 사람은 비난할 것이다.

21장

군주는 존경받기 위해서 무엇을 해야 하는가

대규모 군사 기획을 수행하고 개인적으로 비범한 모범을 보여주는 것만큼 군주를 존경받게 만드는 것은 아무것도 없다. 우리 시대의 사례로는 현재 에스파냐의 왕인 아라곤의 페르난도를 들 수 있다. 이 인물은 신참 군주라고 불러도 무방할 것 같은데, 왜냐하면 보잘것없는 미약한 왕으로 출발해, 기독교 세계에서 명성과 영예가 으뜸가는 왕이 되었기 때문이다. 그리고 그의 행적을 고찰해보면, 모든 것이 위대하며 그중 일부는 비범한 것임을 발견하게 될 것이다. 치세 초기에 그는 그라나다를 공격했는데, 이 군사 작전이 그의 권력의 토대가 되었다. 그는 처음에는 방해받을 걱정 없이, 천천히 조용하게 이 일을 진행했다.[1] 그리고 그는 카스티야의 귀족들로 하여금 온통 전쟁만 생각하도록 하여, 내부 혁신을 꿈조차 꿀 수 없게 만들었다. 그는 이와 같은 수단을 통해 그들이 전혀 인식하지 못하는 사이에, 그들의 권력과 명성을 차지했다. 그는 교회와 인민의 돈으로 군대를 유지할 수 있었고, 그 긴 전쟁을 통해서 자신의 군대를 위한 확고한 기초를 마련할 수 있었는데, 바로 이 군사력이 나중에 그에게 영예를 안겨준 것이다. 게다가 그는 더 큰 군사 기획에 착수하기 위해 항상 종교를 그 구실로 이용했는데, 종교를 빙자한 경건한 잔인함에 의존해 마라노 유대인들[2]을 자신의 왕국에서 쫓아내고 그들의 재산을 약탈했다. 이보다 더 비참하고 놀라운 사례는 있을 수 없을 것이다. 또 종교라는 똑같은 가면을 쓰고, 그는 아프리카를 공격하고, 이탈리아로 쳐들어오고, 마침내는 프랑스를 공격했다. 이와 같이 그는 항상 거대한 규모의 일들을 계획하고 수행했는데, 이 때문에 그의 백성들은 늘 긴장하면서도 감탄을 금치 못했고, 사태의 추이에 온통 관심을 집중했다.

---

1 이 문장에 대한 해석은 두 가지가 있다. '어떠한 방해도 걱정할 필요가 없는 평온한 시기에 이 일을 진행했다'고 해석하는 경우와 '조용히 이 일을 진행했다'고 해석하는 경우다. 여기서는 후자의 의미를 따랐는데, 권력을 강화하려는 의도를 귀족들이 눈치채지 못하게 조용하게 진행했다는 것이 문맥에 더 어울리기 때문이다.

2 마라노(Marrano) 또는 마라노 유대인은 억압을 피해 기독교로 개종한 유대인을 가리킨다. 이들 중에는 비밀리에 유대교의 의식을 수행하는 사람이 많았다고 한다. 당시 종교적 박해는 마라노뿐 아니라 모리스코(Morisco)라고 불리는 개종한 무슬림에게도 가해졌다.

그리고 그의 이러한 행동은 하나가 끝나면 또 하나가 이어지는 식이어서, 사람들이 차분하게 그에 대한 모반을 준비할 여유로 시간이 생기지 않았다.

또한 밀라노에서 베르나보 비스콘티[3]가 그러했다고 전해지는 것과 비슷하게, 군주가 국가 안을 다스리면서 스스로 모범을 보이는 것은 큰 도움이 된다. 어떤 사람이 시민 생활에서 남다른 일을 하면, 그것이 좋은 일이든 나쁜 일이든, 그 기회를 이용해 군주는 사람들 사이에서 널리 회자될 만한 방식으로 그 사람에게 보상을 하거나 벌을 내려야 한다. 그리고 무엇보다도 군주는 모든 행위에서 위대한 사람이며 탁월한 재능을 지녔다는 명성을 얻기 위해 항상 노력해야 한다.

군주는 또한 진정한 친구이자 진정한 적일 때 존경받는다. 다시 말해, 거리낌 없이 분명하게 한쪽을 지지하고 다른 한쪽에 반대한다고 자신을 드러낼 때 존경받는다. 이러한 방침은 중립을 지키는 것보다 언제나 유익할 것이다. 이를테면, 당신과 인접해 있는 강력한 두 세력이 서로 싸우고 있다면, 두 세력의 특성에 따라, 그들 중 한쪽이 승리했을 때 당신은 그 승자를 두려워해야 할 수도 있고 아닐 수도 있다. 어떤 경우든 당신의 입장을 분명

---

3 밀라노의 베르나보(Messer Bernabò da Milano), 1354년부터 1385년까지 밀라노의 공작이었다.

히 하고 열심히 싸우는 것이 더 유리하다. 첫 번째 경우, 즉 승자를 두려워할 이유가 있는 경우에, 당신이 입장을 분명히 밝히지 않는다면, 당신은 틀림없이 승자의 먹잇감으로 전락하고 말 것이고, 그와 더불어 패배한 쪽에는 위안과 만족감을 선사하게 될 것이기 때문이다. 그리하여 당신은 누군가가 당신을 보호해주거나 피난처를 제공해줄 그 어떤 이유도 지니지 못하게 될 것이다. 왜냐하면 승리한 사람은 어려운 시기에 도와주지 않은 미심쩍은 친구를 원하지 않을 것이며, 패배한 사람은 당신이 무기를 들고 자신과 운명*fortuna*을 같이하려고 하지 않았으므로, 당신을 받아들이지 않을 것이기 때문이다.

안티오코스가 로마인들을 몰아내 달라는 아이톨리아인들의 요청을 받고 그리스로 들어갔을 때, 그는 로마인들과 동맹을 맺고 있는 아카이아인들에게 중립을 지켜 달라고 설득하기 위해 사절을 파견했다.[4] 반면 로마인들은 아카이아인들에게 자신들 편에서 무기를 들 것을 촉구하려 했다. 아카이아인들의 평의회에서 이 문제가 논의되게 되었는데, 그 자리에서 안티오코스의 사절은 아카이아인들에게 중립을 지켜줄 것을 요청했다. 이에 로마 사절은 이렇게 답했다. "저들의 이야기는 전쟁에 개입하지 말라는 것인데, 그보다 더 당신들의 이익에 반하는 것은 없습니

---

4   3장 참조.

다. 개입하지 않는다면, 당신들은 감사받지도 못하고, 존중받지도 못한 채, 승자의 전리품이 되고 말 것이기 때문입니다."

이와 같이 당신의 우방이 아닌 사람이 당신에게 중립을 요구하고, 당신의 우방은 입장을 분명히 밝히고 무기를 들 것을 요청하는 일은 늘 일어날 것이다. 그리고 우유부단한 군주는 당면한 위험을 피하기 위하여 대부분 중립의 길을 취하고, 그래서 대부분 파멸한다. 그러나 군주가 어느 한쪽을 지지한다고 당당하게 입장을 표명할 때, 만약 당신이 지지한 쪽이 승리한다면, 비록 승자가 더 강력하고 당신은 그의 처분에 좌우되는 입장에 처하더라도, 그는 당신에게 신세를 졌으므로 우호적인 관계가 확립될 것이다. 만약 당신을 억압한다면 그는 배은망덕한 자의 본보기가 될 것이며, 사람이라면 결코 그런 부끄러운 짓은 하지 않을 것이다. 승자가 어떤 것도 신경 쓸 필요가 없을 정도로, 특히 정의를 고려하지 않아도 될 정도로, 완벽한 승리란 결코 있을 수 없다. 그런데 당신이 지지한 쪽이 패배할지라도, 그는 당신을 친구로 받아들일 것이고,[5] 할 수 있는 한 당신을 도울 것이다. 그리하여 당신은 행운fortuna의 동반자가 되어 언젠가 다시 일어설 수

---

5 원문은 "당신은 그에 의해 받아들여진다"이다. 이처럼 모호한 표현을 그냥 사용한 판본이 있는가 하면, 어떤 판본은 '그가 당신을 받아들여 피난처를 제공한다'는 의미로 해석하고, 어떤 판본은 '그가 당신을 친구로 받아들인다'라는 의미로 해석한다. 승자와 관련한 문장에서도 그렇고, 진정한 친구로 받아들이는 것이 먼저이기 때문에, 친구로 받아들이다는 의미로 해석하는 것이 적합해 보인다.

있을 것이다.

두 번째 경우, 즉 싸우는 자들의 특성으로 보아 어느 쪽이 승리하든 당신이 승자를 두려워할 필요가 없을 때에도, 어느 한쪽 편에 가담하는 것이 훨씬 더 분별 있는 행동이다. 이유는 이러하다. 이때 당신은 한쪽의 도움을 받아 다른 한쪽을 파멸시키는 것인데, 당신을 도운 군주가 현명했다면, 패자를 보호했을 것이다. 그런데 당신이 도운 군주가 승리한다면, 아니 당신의 도움을 받고도 승리하지 못하는 일은 있을 수 없으므로 그는 승리할 것인데, 그렇게 되면 그는 이제 당신의 재량에 좌우되는 입장에 놓이게 되기 때문이다.

여기서 유념해야 할 점은, 앞에서 이야기했듯이 상황이 강제하지 않는다면, 군주가 다른 사람을 공격하기 위해 자신보다 더 강력한 누군가와 동맹을 맺는 것은 피해야 한다는 것이다. 왜냐하면 당신이 승리했을 때, 당신은 그의 포로로 남게 될 것인데, 군주는 가능한 다른 사람의 재량에 자신을 맡기는 일은 피해야 하기 때문이다. 베네치아인들은 밀라노 공작에 대항하기 위해서 프랑스와 제휴했는데, 그들의 파멸의 원인이 된 이 동맹은 피할 수 있는 것이었다. 그러나 교황과 에스파냐가 군대를 파견하여 롬바르디아를 공격했을 때, 피렌체인들이 처했던 상황처럼 그러한 동맹을 피할 수 없을 때, 군주는 앞에서 언급한 이유에서 어느 한편에 가담해야만 한다. 어떠한 국가도 항상 안전한 정책을 선택할 수 있다고 믿어서는 안 된다. 오히려 모든 정책을 위험이 내포된 불확실한 것으로 생각해야 한다. 한 가지 곤란한 일에서 벗어나려고 하면 또 다른 곤란한 일에 봉착하는 것이 만물의 이치이기 때문이다. 그러나 분별력이라고 하는 것은 곤란한 일들의 특성을 구별하고, 그중에서 해악이 덜 한 것을 선택하는 법을 아는 데에 있다.

군주는 또한 능력 있는*virtuosi* 사람들을 인정하고 이러저러한 직능에 뛰어난 사람들에게 명예를 부여함으로써, 자신이 재능*virtù*을 사랑하는 사람이라는 것을 보여주어야 한다. 더욱이 그는 자신의 시민들로 하여금 상업과 농업에서, 그리고 여타의 모든 활동에서, 그들의 일을 평화롭게 수행하도록 장려해야 한다. 그리하여 군주는 사람들이 재산을 빼앗길지도 모른다는 두려움 때문에 재산을 증식하는[6] 일을 꺼리지 않도록 만들어야 하며, 또한 사람들이 세금이 두려워 새로운 교역을 여는 것을 꺼리지 않도록 만들어야 한다. 오히려 군주는 이러한 일을 하기를 원하는 사람이면 누구에게나, 그리고 어떤 방식으로든 자신의 도시나 국가를 강화시킬 계획을 갖고 있는 모든 사람에게, 보상을 제공하여 의욕을 고취해야 한다. 게다가 군주는 매년 적절한 시기에 축제와 구경거리를 제공하여 인민들이 이것에 빠져들게 해야

---

6 '소유물을 장식하는'으로 되어 있는 판본도 있다.

한다. 그리고 모든 도시는 동업 조합이나 혈연 집단으로 나누어져 있기 때문에, 그는 그러한 집단들을 고려하여 때때로 그들과 만나서, 자신이 얼마나 관대하고 후한 사람인지를 보여주어야 한다. 그렇지만 자신의 지위가 지니는 위엄을 항상 확고하게 유지해야 하는데, 이 위엄이야말로 그가 절대로 약화시켜서는 안 되는 것이다.

22장

군주의 비서관들 [1]

대신들을 선택하는 일은 군주에게 정말 중요한데, 그들이 좋은 인물인지 아닌지는 군주의 분별력에 달려 있다. 군주의 지혜를 가늠하는 첫 번째 인상은 그가 주변에 두고 있는 사람들을 봄으로써 형성된다. 그래서 그들이 유능하고 충성스럽다면, 사람들은 항상 군주를 현명하다고 생각할 것이다. 왜냐하면 그가 그들의 능력을 알아보고 그들의 충성심을 유지하는 방법을 알고 있

---

[1] 비서관(라틴어 *secretis*, 영어 secretaries)이라는 용어는 제목에만 사용되고 본문에서는 장관이나 각료로 옮길 수 있는 minister(*ministro*)가 사용되었다. 군주에게 조언을 하는 고위 관리이면서 비서를 겸하는 지위로 보아야 한다. 특히 최고위 관리를 뜻하는 것으로 보이는데, 여기서는 문맥에 따라 대신이나 재상으로 옮겼다.

다고 판단하기 때문이다. 그러나 그들이 유능하지도 충성스럽지도 않다면, 사람들은 항상 군주에 대해서 좋지 않은 생각을 지닐 수밖에 없다. 군주가 범한 첫 번째 실수가 바로 그들을 선택한 것이기 때문이다. 시에나의 군주, 판돌포 페트루치의 재상이었던 안토니오 다 베나프로를 아는 사람은 누구나 판돌포를 매우 영리한 인물이라고 생각했을 것인데, 베나프로를 그의 재상으로 삼았기 때문이다.

지적 능력에는 세 가지 종류가 있다. 하나는 스스로 이해하는 것이고, 또 하나는 다른 사람이 이해한 것을 알아보는 것이고, 세 번째는 스스로도 다른 사람들을 통해서도 이해하지 못하는 것이다. 첫 번째 유형이 가장 탁월하고, 두 번째는 탁월하며, 세 번째는 무익하다. 그러므로 설령 판돌포의 지성이 첫 번째 종류는 아니었다고 해도, 두 번째 등급에는 속했을 것임에 분명하다. 왜냐하면 다른 사람이 한 말과 행동이 좋은지 나쁜지를 아는 판단력을 지녔다면, 설령 자기 자신이 창의력을 지니고 있지 못하더라도, 그는 재상의 좋은 행동과 나쁜 행동을 식별할 수 있으며, 그래서 좋은 것은 칭찬하고 나쁜 것은 바로 잡을 수 있기 때문이다. 그리하여 재상은 감히 그를 속일 엄두를 내지 못하고, 정직하게 처신할 것이다.

그런데 군주가 재상을 알아볼 수 있는 방법과 관련하여, 결코 실패하지 않는 아주 확실한 방법이 있다. 당신보다 자기 자신을 더 생각하고, 매사에 자기 자신의 이익을 추구하는 재상을 보게 된다면, 그러한 인물은 결코 좋은 재상이 될 수 없을 것이며, 당신은 결코 그를 신뢰할 수 없을 것이다. 다른 사람의 국가를 운영할 책임을 맡은 사람은 결코 자기 자신을 생각해서는 안 되고, 언제나 자신의 군주를 생각해야 하며, 군주와 관련이 없는 일에는 결코 관심을 쏟아서는 안 되기 때문이다. 한편 재상이 그렇게 처신하도록 하기 위해서는, 군주는 그의 입장을 고려해주어야 한다. 그리하여 그에게 명예를 부여하고, 그를 부유하게 만들어주며, 그의 운명이 자신의 운명과 하나가 되게 하고, 그와 명예와 부담을 공유해야 한다. 그렇게 하면 그는 군주 없이 홀로 설 수 없다는 것을 알게 될 것이며, 지금 누리는 큰 명예로 인해 더 큰 명예를 바라지 않게 될 것이며, 지금 지니고 있는 많은 재산으로 인해 더 큰 부를 원하지 않게 될 것이며, 현재 맡고 있는 수많은 책임 때문에 변화를 두려워하게 될 것이다. 그러므로 대신들과 군주들이 이런 식으로 서로를 대한다면, 그들은 서로를 신뢰할 수 있을 것이다. 그러나 그렇지 않다면, 둘 중 어느 한쪽은 불행한 결말을 맞이하고 말 것이다.

23장

아첨꾼을 피하는 방법

언급하지 않고 그냥 넘어가고 싶지 않은 중요한 주제가 또 하나 있다. 그것은 군주들이 매우 영리하지 못하거나 사람을 선택하는 안목이 없다면, 피하기 어려운 실수에 관한 것이다. 나는 지금 궁정에 득실대는 아첨꾼에 대해 말하고 있다. 사람들은 자신의 일에 너무나 쉽게 도취되고 그렇게 자기 자신을 속이기 때문에, 이 악성 전염병으로부터 자신을 지키기는 데 어려움을 겪는다. 또한 아첨꾼들로부터 자신을 지키려고 하면 멸시당할 위험이 있다. 왜냐하면 당신에게 진실을 말하더라도 당신이 불쾌하게 생각하지 않는다는 것을 사람들에게 이해시키는 것 말고는 아첨꾼들로부터 자신을 지킬 수 있는 다른 방법이 없는데, 모든 사람이 당신에게 진실을 말할 수 있다면 당신을 향한 존경심은 사라지고 말 것이기 때문이다.

그러므로 분별 있는 군주는 자신의 국가에 현명한 사람들을 뽑아, 그들에게만 자신에게 진실을 말할 자유를 허용하되, 오직 묻는 것에만 말하게 하고 다른 것에 대해서는 일절 말하지 못하게 하는, 제3의 방책을 취해야 한다. 그러나 군주는 그들에게 모든 것에 대해 묻고 그들의 의견을 들은 후에, 자신의 기준에 따라 마음을 결정해야 한다. 개별적으로든 집단적으로든 이 자문위원들을 대할 때, 군주는 그들이 스스럼없이 말하면 말할수록 그들의 조언이 더 환영받을 것이라는 사실을 모두가 알 수 있도록 처신해야 한다. 그리고 군주는 이들 이외에 다른 어떤 사람으로부터도 조언을 구하려 해서는 안 되며, 한번 결정된 것은 밀고 나가야 하며, 결심은 흔들림 없이 확고해야 한다. 이와는 다른 방식으로 처신하는 군주는 아첨꾼들로 인해 몰락하든지, 아니면 다른 의견을 들을 때마다 결정을 번복하게 될 것인데, 이로 인해 그는 존경받지 못하게 될 것이다.

나는 이 주제와 관련하여 현대의 사례를 하나 들고 싶다. 지금의 황제 막시밀리안을 위해 일하는 루카 신부는 자신의 주군에 대해서,[1] 그는 누구와도 상의하지 않지만 그렇다고 어떤 일도 결

---

1   신성 로마 제국의 황제 막시밀리안 1세와 루카 리날디(Luca Rinaldi) 주교. 마키아

186

코 자기 마음대로 하지 않는다고 말했다. 그런데 이런 일이 벌어진 것은, 내가 앞에서 언급한 것과는 반대되는 방책을 황제가 취했기 때문이다. 황제는 비밀스러운 인물로, 자신의 계획을 누구에게도 말하지 않고, 다른 사람들의 의견도 구하지 않는다. 그러나 그가 계획을 실행에 옮기면서 그것의 실체가 드러나고 알려지게 되면, 주변 인물들은 바로 이의를 제기하기 시작하고, 그러면 그는 너무나 쉽게 설득되어 자신의 정책을 포기하고 만다. 그리하여 그가 어느 날 행한 일이 다음 날에는 취소되고, 그가 하고 싶어 하거나 하려고 하는 것이 무엇인지 아무도 이해하지 못하며, 아무도 그의 결정에 의존해 일을 준비할 수 없는 사태에 이르게 된다.

그러므로 군주는 언제나 조언을 들어야 하는데, 다른 사람이 조언하기를 원할 때가 아니라 자신이 원할 때만 그렇게 해야 한다. 실제로 요청하지도 않았는데 조언하려고 하는 사람이 있다면 못하게 막아야 한다. 그러나 그는 끊임없이 묻고, 그 다음에는 인내심을 가지고 진실에 귀를 기울여야 한다. 그리고 누군가가 어떤 이유로 진실을 말하지 않고 침묵한다는 사실을 알게 되면, 자신이 화가 나 있다는 것을 보여주어야 한다. 그리고 군주가 분별력 있다는 평판을 들으면, 많은 사람이 그것은 그의 능

벨리는 1508년에 사절로 가서 루카 신부를 알게 되었다.

력 때문이 아니라 그가 주변에 두고 있는 좋은 조언자들 때문이라고 생각한다. 그러나 이것은 잘못된 생각이다. 절대로 빗나가지 않는 다음과 같은 일반 원칙이 있기 때문이다. 그 원칙은 자기 자신이 현명하지 못한 군주는, 우연히 어떤 인물에게 자신을 맡기고 자신의 모든 일을 관리하게 했는데, 그 사람이 마침 매우 분별력 있는 사람인 경우가 아니라면, 결코 좋은 조언을 취할 수 없다는 것이다. 이렇게 우연히 분별력 있는 사람에게 맡긴 경우에 그는 좋은 조언을 얻을지는 모르지만, 그런 상황은 오래 지속되지 않을 것이다. 그 관리자가 조만간 군주로부터 그의 국가를 탈취하고 말 것이기 때문이다. 그러나 현명한 군주가 여러 사람으로부터 조언을 듣는다면, 결코 일치하는 조언을 얻지 못할 것이고, 혼자서는 그 조언들을 일관성 있게 정리할 줄도 모를 것이다. 각각의 조언자들은 자기 자신의 이익을 생각할 것인데, 그 군주는 그들의 편향을 인식하거나 바로잡을 수도 없을 것이다. 이것은 더 나은 조언자를 구하는 문제가 아니다. 왜냐하면 인간이란 어쩔 수 없이 정직해야 하는 경우가 아니면 항상 당신에게 진실하지 않을 것이기 때문이다. 그러므로 다음과 같이 결론 내려야 한다. 좋은 조언은 그것이 누구에서 나오는지 상관없이 군주의 분별력에서 비롯한 것이지, 군주의 분별력이 좋은 조언에서 비롯한 것은 아니다.

24장

이탈리아의 군주들이 그들의 국가를 잃은 이유

신참 군주가 앞에서 제시한 것들을 신중하게 지킨다면, 그는 마
치 세습 군주 같은 분위기를 풍기게 될 것이며, 아주 빠른 시간
안에 자신의 권력을 안전하고 더 확고하게 만들 수 있을 것이다.
게다가 오랫동안 그 자리에 있었을 때 할 수 있는 것보다 더 그
렇게 할 수 있을 것이다. 왜냐하면 신참 군주의 행적은 세습 군
주의 행적보다 훨씬 더 사람들의 주목을 받기에, 그의 행적이 능
력 있어 *virtuose* 보이면, 이 행적은 세습 군주가 할 수 있는 것보다
훨씬 더 많은 사람들을 그의 편으로 끌어들이고 그들을 훨씬 더
헌신적으로 만들 것이기 때문이다. 이렇게 되는 이유는, 사람들
은 과거보다는 현재에 더 관심을 가지며, 그래서 현재 상태가 마

음에 들면 그저 그것을 향유할 뿐 다른 것을 찾지 않는 데 있다. 오히려 사람들은 군주가 자신과 관련된 다른 일에서 부족함이 없다면, 그를 지키기 위해 그들이 할 수 있는 모든 것을 할 것이다. 따라서 그는 새로운 군주국을 설립했다는 것과 더불어, 좋은 법, 좋은 군대, 좋은 동맹,[1] 좋은 본보기를 통해 그 국가를 빛나게 만들고 강화했다는 이중의 영예를 누리게 될 것이다. 이와 마찬가지로, 군주로 태어났지만 지혜가 부족해 군주의 지위를 잃은 인물은 이중의 치욕을 겪게 될 것이다.

그리고 나폴리의 왕, 밀라노의 공작 등과 같이 우리 시대에 이탈리아에서 그들의 국가를 잃은 통치자들을 고찰해보면, 그들이 두 가지 공통된 결점을 지니고 있었다는 사실을 발견하게 될 것이다. 첫 번째는 군대와 관련된 결점인데, 이 원인에 대해서는 앞에서 길게 논의했다.[2] 그 다음은, 그들 중 일부는 인민을 적으로 만들었거나, 인민은 우호적이었더라도 귀족들을 자기편으로 확보하는 법을 알지 못했다는 것이다. 이러한 결점들이 없다면, 군대를 전장에 내보낼 수 있을 만큼 활력을 지닌 국가를 상실하는 일은 있을 수 없다. 알렉산드로스 대왕의 아버지 말고 티투스 퀸크티우스에게 패배한 인물인 마케도니아의 필리포스[3]는 자신

1   판본에 따라 '좋은 동맹'이라는 말이 없는 것도 있다.
2   13~14장.
3   필리포스 5세.

을 공격한 로마와 그리스의 강대함에 비교할 만한 자원을 전혀 갖고 있지 못했다. 그렇지만 그는 호전적인 사람이었고 인민을 기쁘게 하고 귀족들을 자기편으로 끌어들이는 방법을 알고 있었기 때문에, 여러 해 동안 그들에 맞서 전쟁을 수행하며 버텨냈다. 결국에는 몇 개의 도시에 대한 통치권을 상실했지만, 그럼에도 그 왕국은 그에게 남아 있었다.

그러므로 오랫동안 소유하고 있던 군주국을 상실한 우리의 군주들은 자신들이 국가를 잃은 것에 대해 운*fortuna*을 탓할 것이 아니라, 오히려 스스로의 나태함을 탓해야 한다. 왜냐하면 평온한 시기에 그들은 어떤 변화가 일어날 수도 있다는 생각을 전혀 하지 않고 있다가(고요 속에서 폭풍에 대비하지 않는 것은 인간의 공통된 결점이다), 어려운 시기가 닥치자 도망칠 생각만 하고 자신들을 지킬 생각은 하지 않았으며, 그리고는 인민들이 정복자들의 오만함에 진저리가 나서 자신들을 다시 불러줄 것을 기대했기 때문이다. 이러한 방책은 대안이 전혀 없다면 나쁜 것이 아니다. 그러나 이 방책만 믿고 다른 모든 방편을 제쳐두는 것은 정말로 잘못된 것이다. 나중에 당신을 일으켜 세워줄 누군가가 나타날 것이라고 믿고서, 스스로 넘어지는 일을 해서는 안 된다. 누군가가 일으켜 세워주는 그런 일은 일어나지 않을 것인데, 그런 일이 일어난다고 해도, 그것은 당신의 안전에 이롭지 않을 것이다. 왜냐하면 당신의 그러한 방어책은 수치스러운 것이며, 자신의 방어를 당신 자신이 아니라 다른 사람에게 의존하는 것이기 때문이다. 유일하게 믿을 만하고 확실하면 지속적인 방어책은 당신 자신과 당신의 역량*virtù*에 의존하는 것이다.

25장

인간사에서 운명의 역할과 그것에 맞서는 방법

세상사는 운명*Fortuna*[1]과 하나님에 의해서[2] 다스려지기 때문에, 아무리 지혜로운 사람도 그것에 대해 아무 일도 할 수 없으며, 자신들을 보호할 그 어떤 구제책도 가지고 있지 못하다는 견해를

1 이탈리아어 판본들 중에는 포르투나의 첫 글자를 대문자로 표기한 것이 있다. 일반적으로 이렇게 대문자로 표기할 때는 운명의 여신을 뜻한다. 하지만 모든 이탈리아 판본이 그렇지도 않고, 영역자들은 대부분 이것을 구별하지 않는다. 반복을 피하기 위하여 대명사를 사용하는 경우에는 영역본들 사이에도 차이가 있는데, '그녀'를 사용하는 판본도 있고 '그것'을 쓰는 판본도 있다. 이 번역에서는 25장 끝부분을 제외하고는 대명사가 아닌 '포르투나'를 그대로 썼고, '운명'이라 옮겼다.

2 "하나님에 의해서(by God, 이탈리아어로는 *da Dio*)"라는 말은 마키아벨리 사후에 삽입되었다는 주장이 있다. 그 증거로 이 장의 모든 논의는 '운명'에 관한 것이라는 점을 내세운다. 하지만 다음 장에서 하나님의 일과 인간의 자유 의지에 대한 비교가 등장한다는 반론도 가능하다.

지닌 사람들이 아주 많았고 지금도 여전히 많다는 것을 모르는 바 아니다. 그리고 이 때문에 그들은 세상일에 너무 많은 노력을 기울일 필요가 없으며 그저 우연에 맡기면 된다고 판단할지도 모른다. 아무도 예견할 수 없었던 엄청난 변화들을 지금까지 봤고, 여전히 매일같이 목격하고 있고 있는 탓에, 우리 시대에는 이러한 견해가 더욱더 신뢰를 얻고 있다. 간혹 가다 이 문제를 생각해볼 때면, 나는 어느 정도 이들의 견해 쪽으로 기우는 경향이 있다. 그럼에도 우리의 자유 의지가 완전히 무시되지 않도록 하기 위해, 나는 운명이 우리 행위의 절반을 결정하는 존재이고, 나머지 절반 또는 절반 가까이를 우리가 결정하도록 내버려둔다는 것이 진실일 수 있다고 판단한다.

나는 운명을 성난 강물에 비유하는데, 홍수가 나면 강물은 평야로 흘러넘쳐, 나무와 건물을 쓰러뜨리고, 이쪽의 토사를 들어 올려 다른 쪽으로 옮겨 놓는다. 그 강물 앞에서는 모두가 달아나고, 모두가 그 힘에 굴복하며, 그것을 제지할 수 있는 아무런 방법도 없다. 강물의 특성이 이와 같다고 해도, 사람들이 날씨가 좋을 때 제방과 둑을 쌓아서, 다시 강물이 불어나더라도 물이 수로를 따라 흘러가도록 만들고, 그래서 강물의 힘이 제어되지 않거나 피해를 일으키지 않도록 대비하지 못하는 것은 아니다. 운명에서도 동일한 일이 일어난다. 운명은 자신에게 저항할 역량 *virtù*이 조직되어 있지 않은 곳에서 그 위력을 과시한다. 따라서 자신을 억제하기 위해 둑과 제방을 쌓지 않은 곳을 발견하면 그 곳으로 자신의 힘을 쏟아붓는다. 그리고 이러한 격변의 현장이 자 그 격변에 추동력을 제공해온, 이탈리아를 생각해본다면, 그 곳이 둑도 없고 제방도 전혀 없는 들판 같은 나라임을 알게 될 것 이다. 독일, 에스파냐, 프랑스처럼 적절한 역량으로 방벽을 쌓았 더라면, 이 홍수[3]가 지금 같은 큰 변화를 초래하지 않았거나 아예 홍수가 나지도 않았을 것이다.

이 정도면 운명에 저항하는 것에 대하여 일반적인 관점에서 할 말은 다했다고 생각한다. 그러나 좀더 구체적으로 들어가보 면, 본성이나 성질에 뚜렷한 변화가 일어나지도 않았는데, 오늘 번영을 누리던 군주가 그 다음 날에는 몰락하는 것을 목격하게 될 것이다. 나는 이것이 우선 바로 앞에서 길게 이야기한 원인, 즉 전적으로 운_fortuna_에 의존하는 군주는 그것이 변할 때 몰락한 다는 것에서 비롯한다고 믿는다. 또한 나는 자신의 행동 방식을 시대의 특성에 맞추는 군주는 성공하는 반면, 시대에 맞추어 행 동하지 못하는 군주는 실패할 것이라고 믿는다.

모든 사람이 영예와 부라는 목표를 추구하는데, 그 목표로 나 아가면서 겪는 여러 일들 속에서 사람들은 다양한 방식으로 행 동한다. 어떤 사람은 신중하고 어떤 사람은 충동적이며, 어떤 사

---

3 외국인의 침입.

람은 폭력을 사용하고 어떤 사람은 재간을 이용하며, 어떤 사람은 인내심 있게 행동하고 어떤 사람은 그 반대로 행동한다. 그런데 이렇게 상이한 방식으로 각자는 목표에 도달할 수 있다. 또한 두 사람이 모두 신중한데, 한 사람은 목표를 달성하고 또 한 사람은 실패하는 것을 볼 수도 있다. 마찬가지로 한 사람은 신중하고 또 한 사람은 충동적으로, 상이한 접근 방식을 취하는데, 두 사람 모두 성공하는 것을 볼 수도 있다. 이 모든 것이 그 사람의 행동 방식이 시대의 특성에 부합하는지 그렇지 않은지에 달려 있다. 이 때문에 내가 이야기한 것, 즉 상이하게 행동하는 두 사람이 동일한 결과를 얻고, 동일하게 행동하는 두 사람이 한 사람은 목적을 달성하고 한 사람은 그렇지 못하는 일이 벌어진다.

좋은 것의 변화도 이것에 달려 있다.[4] 신중하고 인내심 있게 처신하는 사람이 있다고 하자. 시대와 상황이 그 사람의 방식에 적합하게 수렴된다면, 그의 처신은 좋은 것이고 그는 번영을 누릴 것이다. 그러나 시대와 상황이 변하면, 그는 몰락할 것이다. 왜냐하면 그가 행동 방침을 변경하지 않기 때문이다. 그러나 그러한 변화에 적응하는 방법을 알 만큼 통찰력 있는 사람은 찾을

----

4 '사람들의 운명의 변화(흥망성쇠)도 이것에 달려 있다'는 식으로 해석하는 판본도 있다. 이때 '운명'은 포르투나가 아니다. 이탈리아어 판본에는 '좋음의 변화'라는 다소 모호한 표현이 사용되었고, 이것을 영역자에 따라, the good, fortune, welfare, estate, success 등 다양한 단어를 사용하여 번역한다. 일반적으로는 이것을 '결과의 차이'로 보고 있지만, 여기서는 '방식의 차이'로 이해하고 번역했다.

수 없을 것이다. 왜냐하면 인간은 자신의 타고난 성향에서 벗어날 수 없기 때문이며, 또한 지금까지 특정한 방식으로 항상 번영을 누려온 사람이라면 그 방식을 버린다는 것을 납득하지 못할 것이기 때문이다. 따라서 신중한 사람은 충동적으로 행동해야 할 때가 왔을 때, 그렇게 하는 방법을 알지 못하고, 결국 파멸하게 된다. 그러나 그가 시대와 상황에 맞추어 본성을 바꾼다면, 운_fortuna_은 바뀌지 않을 것이다.

교황 율리오 2세는 매사에 충동적으로 행동했는데, 그는 시대와 상황이 그러한 행동 방침과 잘 맞아서 언제나 목적을 이루는데 성공한다는 사실을 깨달았다. 조반니 벤티볼리오가 아직 살아 있을 당시, 볼로냐를 향한 그의 첫 번째 군사 기획을 생각해보라. 베네치아인들은 그 기획에 동의하지 않았고, 에스파냐왕도 마찬가지였다. 그리고 그는 아직 프랑스왕과 그 문제를 논의하고 있는 중이었다. 그럼에도 그는 그 특유의 사나움과 성급함으로 직접 군대를 이끌고 원정에 착수했다. 그의 이러한 조치는 에스파냐와 베네치아인들을 난처한 입장에 몰아넣었고, 아무런 조치도 취할 수 없게 만들었다. 베네치아인들은 두려움 때문에 그러했고, 에스파냐는 나폴리 왕국 전체를 되찾으려는 욕망 때문에 그러했다. 한편 교황은 프랑스왕을 끌어들였다. 프랑스왕은 베네치아인들의 세력을 억제하기 위한 동맹으로 교황이 필요했는데, 교황이 이미 작전을 개시한 것을 목격한 이상, 군사적

지원을 거부하면 교황의 심기를 상하게 할 것이 분명하다고 판단하여 군사 행동에 동참했던 것이다.

이와 같이 율리오는 그의 충동적인 행동을 통해, 세상의 온갖 분별력을 지닌 다른 어떤 교황도 해내지 못했을 법한 일을 이루어냈다. 만약 그가 다른 교황들이 그러했을 것처럼, 모든 협정이 마무리되고 모든 것이 준비되고 나서야 로마를 떠나려고 기다리고 있었다면, 결코 성공하지 못했을 것이다. 왜냐하면 프랑스 왕은 도와주지 않기 위해 수없이 많은 핑곗거리를 찾아냈을 것이며, 다른 나라들은 사태가 잘못될 수도 있다는 공포감을 수도 없이 그에게 심어주었을 것이기 때문이다. 나는 그의 다른 행동들에 대해서는 언급하지 않으려 한다. 다른 행동들도 모두 이와 비슷했고, 그것들 모두 성공적이었기 때문이다. 짧은 생애로 인해 그는 그 반대의 것을 경험을 해볼 수 없었다. 그러나 시대가 변해 신중하게 행동해야 할 시대가 왔다면, 그의 몰락이 뒤따랐을 것이다. 왜냐하면 그는 자신의 타고난 성향에서 비롯한 그러한 행동 방식에서 결코 벗어나지 못했을 것이기 때문이다.

그러므로 나는 이렇게 결론 내리겠다. 운*fortuna*은 변하고 사람들은 자신들의 방식을 고집하는데, 이 둘이 서로 조화를 이룰 때면 사람들은 성공하고, 이 둘이 서로 맞지 않으면 성공하지 못한다. 이 문제에 대한 나의 생각은 이렇다. 신중한 것보다는 충동적인 것이 더 낫다. 왜냐하면 운명은 여성이며, 그래서 그녀를 통제하려면 때리고 쥐어박고 할 필요가 있기 때문이다. 그리고 그녀는 냉정하게 일을 진행하는 사람보다 이처럼 충동적으로 행동하는 사람에게 더 기꺼이 복종한다는 사실을 알 수 있다. 여인이 늘 그러하듯이, 그녀는 젊은 사람을 좋아한다. 젊은이는 신중함이 덜하고 더 난폭하며, 그녀를 더욱 대담하게 지배하기 때문이다.

26장

이탈리아를 장악해 야만인들로부터 해방할 것을 촉구함

지금까지 논의해온 모든 것을 고려하면서, 나는 현재 이탈리아에서 시대가 신참 군주를 받아들일 준비가 되어 있는지, 그리고 분별력 있고 능력 있는*virtuoso* 군주가 새로운 질서를 도입하여 자신을 영예롭게 하면서 이 지역 인민 전체를 이롭게 할 기회를 잡을 만한 요소가 있는지를 내 자신에게 물어보았다. 내가 보기에는 여러 가지 일들이 동시에 신참 군주에게 유리하게 작용하고 있으며, 그래서 신참 군주가 등장하기에 현재보다 더 적합한 시기가 결코 없었던 것 같다. 그리고 앞에서 이야기한 것처럼,[1] 모

---

1 6장.

세의 능력*virtù*이 드러나기 위해서는 이스라엘 백성이 이집트에서 노예로 잡혀 있을 필요가 있었고, 키루스의 위대한 정신이 드러나기 위해서는 페르시아인들이 메디아인들에게 억압받을 필요가 있었으며, 테세우스의 탁월함이 증명되기 위해서는 아테네인들이 패배하여 뿔뿔이 흩어져 있을 필요가 있었다. 그렇다면 오늘날 우리가 이탈리아를 대표하는 어떤 인물[2]의 역량*virtù*을 발견하기 위해서는, 이탈리아가 현재의 상태로 추락할 필요가 있었다. 그리하여 히브리인들보다 더 노예화되고, 페르시아인들보다 더 억압받고, 아테네인들보다 더 흩어져서, 지도자도 없고, 법질서도 없고, 짓밟히고, 약탈당하고, 찢기고, 황폐화된 채, 온갖 종류의 파멸을 견뎠어야 했던 것이다.

얼마 전에 한 인물[3]에게서 한 줄기 빛이 번쩍였고, 그래서 사람들은 그가 이탈리아를 구원하기 위해 하나님께서 보내신 인물이 아닐까 생각하기도 했다. 그러나 나중에 밝혀졌듯이, 그의 행적의 절정기에 그는 운명*Fortuna*의 버림을 받고 말았다. 그래서 이탈리아는 활기를 잃은 채, 자신의 상처를 치유하고 롬바르디아에 일어나는 약탈과 나폴리 왕국과 토스카나에서 시행되는 지나친 과세를 종식시킬 사람, 그리하여 오랫동안 곪아 있는 그

---

2 "an Italian spirit"를 번역한 것이다.
3 체사레 보르자를 가리킨다는 것이 일반적인 견해다.

와 같은 종기들을 제거할 누군가를 기다리고 있다. 보시다시피, 이탈리아는 이와 같은 야만인들의[4] 잔혹함과 오만함으로부터 자신을 구제할 사람을 보내주실 것을 하나님께 간청하고 있다. 그리고 이탈리아는 누군가 깃발을 들어 올리기만 하면, 기꺼이 그 깃발을 따를 준비도 되어 있다.

그러나 현재 이탈리아가 희망을 걸 수 있는 사람은, 당신의 고명한 가문 말고는 어디에서도 찾아볼 수 없다. 당신의 가문은 행운*fortuna*과 역량을 지니고 있고, 하나님과 교회 — 지금 당신의 가문이 그 군주다 — 의 은혜를 받고 있으므로, 이탈리아를 구원하는 일에 지도자로 나설 만한 위치에 있다.[5] 만약 당신이 앞에서 거명된 인물들[6]의 행적과 생애를 되새겨본다면, 이 일은 그리 어렵지 않을 것이다. 비록 그들이 보기 드물고 경이로운 인물들인 것은 분명하지만, 그들도 사람이며, 그들 중 어느 누구도 지금의 당신보다 더 좋은 기회를 갖지는 못했다. 왜냐하면 그들이 한 일이 이보다 더 정의롭지도, 더 쉽지도 않았으며, 하나님께서 당신보다 그들에게 더 호의를 보이신 것도 아니기 때문이다. 정의

---

4 '야만적인'으로 번역할 수 있으나, 장 제목과 관련해서 외세 또는 야만인들의 행위를 일컫는 것으로 봐야 한다.

5 마키아벨리는 여기서부터 이 책을 헌정한 로렌초 데 메디치와 그의 가문에 대해서 이야기한다. 교회의 군주는 1513년에 교황이 된 레오 10세(Leo X)를 가리키며, 로렌초 데 메디치의 삼촌이다.

6 모세, 키루스, 테세우스.

는 분명 우리 편이다. "그것 이외에 다른 대안이 없는 사람에게 전쟁은 정의로운 것이며, 그것 이외에 다른 희망이 없는 사람에게 무력은 신성한 것이기 때문이다."[7] 지금 의지가 넘쳐나며, 의지가 넘치는 곳에서는 큰 어려움 같은 것은 있을 수 없다.[8] 당신은 그저 내가 본보기로 제시한 사람들의 방식을 따르기만 하면 된다. 이것 이외에도, 하나님은 전례가 없는 비범한 징후들을 우리에게 보여주셨다. 바다가 갈라지고, 구름이 당신이 가는 길을 인도하고, 바위가 물을 뿜어내고, 하늘에서 만나가 비처럼 내리고,[9] 모든 것이 당신을 위대하게 만들기 위해 함께하고 있다. 나머지 일은 당신이 해야 한다. 하나님은 모든 것을 하기를 원하지 않는다. 하나님은 우리의 자유 의지와 우리에게 돌아올 영광의 몫을 우리에게서 빼앗기를 원하지 않는다.

앞에서 언급한 이탈리아 사람들 중에 그 누구도 당신의 고명한 가문이 할 수 있으리라고 기대되는 모든 것을 완수할 수 없었다고 해도 놀라운 일이 아니다. 또한 이탈리아에서 일어난 수많은 격변과 수많은 전쟁으로 인해 이탈리아의 군사적 능력이 다

---

7 리비우스,《로마사》, 9권 1장에 나오는 구절이다.

8 다음과 같은 판본도 존재한다. '상황이 아주 유리하며, 상황이 유리한 곳에서는 ……'.

9 이 모두가 모세의 기적을 연상시키는 것이다. 만나(manna)는 이스라엘들을 위해 하늘이 내려준 양식을 뜻한다.

소진된 것처럼 보인다고 해도 놀라운 일이 아니다. 이것은 이탈리아의 옛 제도가 좋지 않았고, 새로운 제도를 고안해내는 방법을 아는 사람이 아무도 없었다는 사실에서 비롯했다. 그리고 그가 고안한 새로운 법과 제도보다 새롭게 부상한 인물에게 더 명예를 부여하는 것은 아무것도 없다. 이러한 것들이 확고하게 자리 잡고 그 안에 위대함을 지니고 있을 때, 그는 존경과 찬사를 받게 된다. 그리고 이탈리아에는 어떤 식으로든 형태가 부여되기를 기다리는 재료들이 결코 부족하지 않다. 사지에는 강력한 역량이 있는데, 그 역량이 발휘되려면 머리가 능력을 지니고 있어야 한다.[10] 개인적인 결투나 소수가 싸울 때에 이탈리아 사람들이 힘, 민첩함, 기술에서 얼마나 우수한지 보라. 그러나 군대에 이르면 그들은 시시한 존재가 되고 만다. 이것은 모두 머리의 허약함에서 비롯한다. 유능한 지도자들은 무시당하여 따르는 사람이 없고, 모든 지도자가 자신이 유능하다고 생각했다.[11] 그

10 몇 종류의 판본이 존재한다. 그중에 대표적인 두 가지를 들면, 하나는 '사지는 위대한 능력을 지니고 있지만, 머리에는 그런 능력이 부족하다(또는 머리가 없다)'는 것이고, 다른 하나 '능력이 머리에 부족하지 않다면(또는 머리가 없지만 않다면), 사지에도 그러한 능력이 있게 된다'는 것이다. 마키아벨리가 여기서 이야기하는 것은 병사들 개개인은 훌륭한데, 지도부가 문제라는 것이다. 그러므로 단순 문맥으로 보면 앞의 것이 더 적합하다. 물론 지도부가 좋아야 사지도 그 힘을 쓸 수 있다고 해석한다면, 뒤의 것이 더 나은 해석이 될 수도 있다.
11 여기서 '유능한'은 영어 know(이탈리아어 *sapere* 또는 *sanno*)를 옮긴 것이다. 전쟁의 기술 같은 것을 잘 아는 유능한 지도자를 나타내는 것이다.

래서 지금까지 어느 누구도 재능*virtù*과 운을 통해, 다른 사람들이 그에게 굴복할 만큼 자신을 부각시키지 못했다. 이 때문에 그토록 오랜 시간 동안, 그리고 지난 20년 사이에 수많은 전쟁을 치르는 동안, 군대가 전적으로 이탈리아 사람들로 구성되었을 때는 언제나 형편없는 성과를 내고 말았던 것이다. 이에 대한 첫 번째 증거는 타로강 전투이고, 그 다음은 알레산드리아, 카푸아, 제노바, 바일라, 볼로냐, 그리고 메스트리 전투다.[12]

그러므로 당신의 고명한 가문이 자신들의 나라를 구했던 그러한 탁월한 인물들을 따르고자 한다면, 모든 과업의 진정한 기초로서, 모든 것에 앞서 해야 할 일은 당신 자신의 군대를 마련하는 것이다. 왜냐하면 그보다 더 충성스럽고, 그보다 더 믿을 만하며, 그보다 더 훌륭한 병사들은 없을 것이기 때문이다. 그리고 그들 한 사람 한 사람이 훌륭하다고 해도, 그들이 하나로 통일되어, 자신들의 군주에 의해 통솔되고, 그로부터 존중받고, 그에 의해 부양된다는 사실을 알게 되면, 그들은 훨씬 더 훌륭해질 것이다. 그러므로 이탈리아의 기개*virtù*로 외국인들로부터 자신을 방어하기 위해서는 그러한 군대를 준비하는 것이 반드시 필요하다.

---

12   타로강 전투(포르노보 전투, 1495), 알레산드리아 전투(1499), 카푸아(1501), 제노바(1507), 바일라(1509), 볼로냐(1511), 메스트리(1513).

그리고 비록 스위스와 에스파냐의 보병이 매우 무시무시하다고 여겨지는 것이 사실이지만, 그럼에도 양쪽 다 약점이 있다. 그래서 제3의 군사 대형을 통해 그들에 대항할 수 있을 뿐 아니라 그들을 압도할 것이라고 확신할 수 있다. 에스파냐 보병은 기병에 허점을 보이고, 스위스 보병은 상대 보병들이 자신들처럼 완강할 때는 그들을 두려워하기 때문이다. 지금까지 보아왔고 앞으로도 보게 될 것처럼, 이것이 바로 에스파냐 군대가 프랑스 기병의 공격을 막아낼 수 없고, 스위스 군대가 에스파냐 보병에 압도당하는 이유다. 스위스 군대의 취약점에 대해서는 완벽한 증거를 제시할 수는 없지만, 라벤나 전투[13]에서 어렴풋이 엿볼 수 있다. 당시 에스파냐 보병은 독일 군대와 맞붙었는데, 독일 군대는 스위스 군대와 동일한 전술을 사용한다. 그 전투에서 동작이 민첩하며 소형 둥근 방패를 갖춘 에스파냐 보병은 독일 군대의 긴 창 사이와 그 밑으로 파고들어가 안전을 확보하고, 속수무책으로 서 있는 독일 병사들을 마음대로 타격했다. 기병이 도착해 에스파냐 보병을 밀어내지 않았다면, 독일 병사들을 모두 몰살당하고 말았을 것이다. 따라서 이 두 보병이 지닌 약점을 안다면, 기병의 공격을 막아내고 보병을 두려워하지 않아도 되

13　'라벤나의 날'로 직역한 판본도 있다. 1512년 4월 11일의 라벤나 전투를 가리킨다. 이 전투에 대해서는 3장과 13장에서 언급되었다.

는 새로운 형태의 군대를 조직할 수 있다. 이는 무기 쇄신과 전술 변경을 통해 이루어질 것이다. 그리고 이러한 개선이 이루어지면, 새로운 군주는 명성과 위신을 얻게 된다.

그러므로 그토록 오랜 시간을 흘려보낸 후에, 드디어 이탈리아가 자신을 구원해줄 사람을 만나게 될 이 기회를 결코 놓쳐서는 안 된다. 외국인들의 홍수로 인해 고통을 겪어온 모든 지방에서 그가 받게 될 사랑이 얼마나 클지, 그리고 그에게 모아질 복수에 대한 열망, 완강한 신뢰, 충성심, 눈물이 얼마나 크고 대단할지는 말로는 도저히 표현할 수 없다. 어떤 문이 그를 가로막을 것인가? 어떤 사람이 그에게 복종하기를 거부할 것인가? 어떤 질투심이 그를 방해할 수 있을까? 어떤 이탈리아 사람이 그에게 충성을 맹세하기를 거부할 것인가? 이러한 야만인의 지배가 내뿜는 악취에 모든 사람이 질색하고 있다. 그러므로 당신의 고명한 가문이 정의로운 기획에 착수할 때마다 지니게 되는 그러한 기백과 희망을 품고 이 임무에 착수해주기를 바란다. 그리하여 당신의 기치 아래서 우리의 조국은 고귀해질 것이며, 당신의 보호 아래 페트라르카의 다음과 같은 시구가 실현될 것이다.

"폭력에 맞서 덕이 / 무기를 들지니, 전투는 짧으리라. / 고대의 용맹이 / 이탈리아인의 가슴에 살아 있으니."[14]

---

14   페트라르카, 〈나의 이탈리아(*Italia mia*)〉, 《칸초니에레(*Canzoniere*)》 128, 93~96행.

완역에서 — 완독까지 001

군주론

초판 1쇄 발행 2017년 12월 26일 **초판 7쇄 발행** 2023년 11월 1일

지은이 니콜로 마키아벨리
옮긴이 김종원
펴낸이 이승현

출판2 본부장 박태근
지적인 독자 팀장 송두나
디자인 이세호

펴낸곳 ㈜위즈덤하우스 **출판등록** 2000년 5월 23일 제13-1071호
주소 서울특별시 마포구 양화로 19 합정오피스빌딩 17층
전화 02) 2179-5600 **홈페이지** www.wisdomhouse.co.kr

ISBN 979-11-6220-146-6 04340
　　　979-11-6220-145-9 (세트)